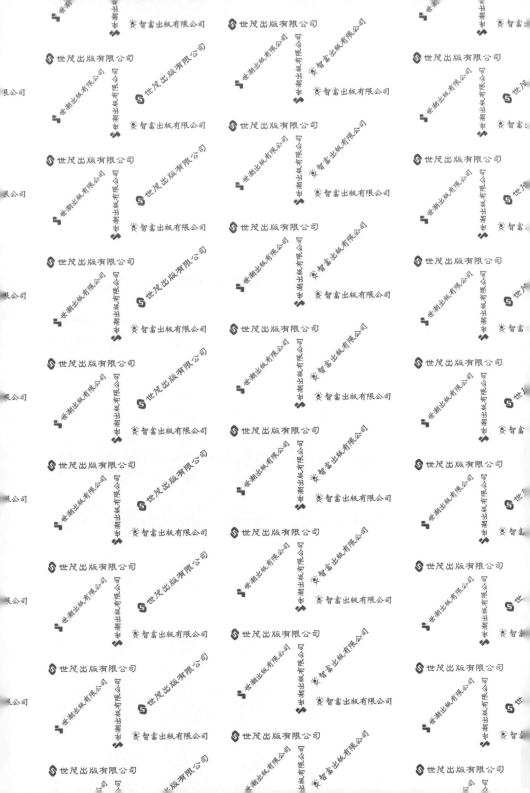

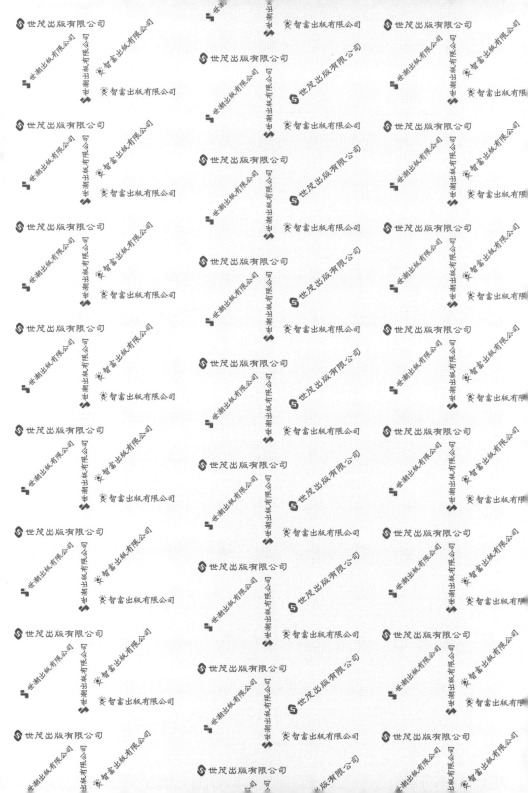

世界第一簡單
統計學 【修訂版】

高橋信◎著
TREND-PRO◎漫畫製作
林羿妏◎譯

● 前 言 ●

本書是統計學的入門書。

我將讀者預設為下列兩大類：

●於畢業論文或工作上，須進行資料分析者

●雖然現下沒有分析資料的需求，但想一窺統計學的奧妙者。當然也非常歡迎對統計學稍有涉獵的讀者。

統計學是數學中與「生活」及「工作」有密切關係的一種學問。若習得統計學的知識，將可幫助你得到更多的便利性，例如

●可預測在校慶時推出的炒麵可賣出幾份

●可預測檢定考試可否通過

●可比較投與和不投與藥劑 X 的情況下，各自的生存率

本書共有七章。各章原則上由下列部分構成。

●漫畫部分

●補足漫畫部分的解說

●例題和解答

●總整理

但是也有某些章節並不遵循上列構成方式。

即使僅閱讀漫畫的部分，也可逐漸了解概念。如果再閱讀其他部分，則可增加知識的深度。

「統計學真是有趣、實用呀！」若各位在讀完本書後有這樣的想法，我將感到榮幸之致。

感謝給我機會著作此書的日本 OHM 出版社開發局的各位。亦感謝努力將我的原稿轉為漫畫的 TREND-PRO 股份有限公司的各位，以及負責腳本的 re_akino，負責做畫的井上伊呂波。此外，感謝著作之際，提供我多方建議的日本立教大學社會學系的酒折文武老師。

2004 年 7 月

高 橋 信

目　次

◆序章◆

令人悸動的統計學

我回來了，琉衣，這是我公司的同事，五十嵐。

晚安。

請用 ♡

請用 ♡

請用 ♡

謝⋯謝謝

令嬡真是可愛。

嗳呀！

不要這樣誇我嘛！

雖然你說的是事實⋯

那麼，五十嵐先生，您是哪一個部門的呢？

和、和令尊同一部門

簡單來說，就是負責行銷工作！

衍？

銷？

具體來說，就是利用統計學來做市場調查⋯⋯

不過就算這麼說，對於還是高中生的妳而言，還是不知道什麼是「行銷」，對吧！

嗯！的確不懂。

真是直接呢！那麼「統計學」呢？

嗯⋯⋯

大概不是很清楚吧？所謂的統計學，粗略來說，就是從樣本的資訊推測母體狀況的學問。

好像有點太難了！

啊！有了。

嗯！
琉夜

朝夕晚報

正好今天的晚報有刊載內閣支持率呢！

「根據朝每晚報的調查結果，內閣支持率為39％。」

這是怎麼算出來的呢？

朝每晚報並沒有來詢問我支持率哦！

高津先生呢？

不。

我也沒被問喲！

嗯～
明明你們都沒有接受調查，朝每晚報卻還能算出內閣支持率？

而且你們也都有選舉權呀！有點奇怪耶！

是的。此處就應用了統計學喲！

那麼？

琉衣，日本大約有多少人有選舉權呢？

JAPAN

嗯……很多！非常多！

是的！

沒錯。
因此，若調查全部的人來求出內閣支持率，這個數值就會非常準確，而不會有任何疑問吧？

嗯。

不過，要調查如此眾多的人數是相當困難的。

是呀！

是在整我嗎？

別鬧玩笑了！對呀！

所以才會限定人數來進行調查。

是的。

琉衣，統計學上，將應做為真正調查對象的集合稱為「**母體**[*1]」，而由母體中取出的部份個體所組成的集合則稱為「**樣本**[*2]」。

母體

樣本

爸爸又開始講難懂的東西來欺負琉衣啦！

哇～

驚！

*1母體：Population。
*2樣本：Sample。

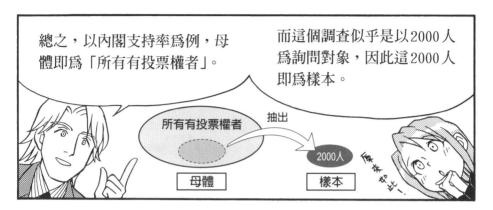

總之，以內閣支持率為例，母體即為「所有有投票權者」。

而這個調查似乎是以2000人為詢問對象，因此這2000人即為樣本。

所有有投票權者 抽出

母體

2000人

樣本

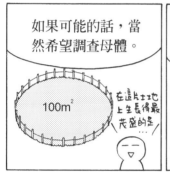

如果可能的話，當然希望調查母體。

100m²

在這土地上生長得最茂盛的是…

然而，這在現實上是不可能的。真是令人困擾呀！

100m²

超麻煩的！累死了！

就算無法進行精細的調查，難道沒辦法盡可能正確得知母體的狀況嗎？

100m²

嗯—

只調查1m²看看吧！

1m²

然而排解這個煩惱的最佳方法就是統計學喲！

哦！再多教我一些吧！

哈哈。那就下次吧。

微笑

果然很帥～

隔天

發呆

呵呵呵～

要怎麼做
才能跟五十嵐先生
變得更親近呢？

爸爸!
我想知道更多
關於統計學的知識!

好呀!

我請五十嵐
來教妳吧!

又見面
了呢!

了解
了喔!

多虧了五十嵐
完全都懂了呢!

妳的個人授課

呵呵呵呵…

太完美
了♡

爸爸♡

哦！
謝謝。

那個……
我想要一位統計
學的家教♡

因為我開始對爸爸
的工作產生興趣了♡

感

動

琉、琉衣～

好吧！那麼
每周六就請
家教來上課吧！

嗯！
爸爸的同事也可
以喲！
像是五十嵐先生
……

包在
我身上！

太棒了！

到了星期六──

叮咚

嗨！辛苦你了！
趕快進來。

來了！

喂～琉衣！
我帶老師
來了哦——

好的。

躂、躂、躂

妳好……

呆

琉衣，這是我同事，山本守。

妳好。

爸、爸爸……五十嵐先生呢？

嗯？山本住得比五十嵐近呀！而且教得比較好唷！

你……這傢伙是誰呀！

嚇

那麼，你們好好上課吧！

哈哈哈！

琉衣，請多多指教。

呵呵呵呵呵

五十嵐，琉衣很努力的唸書喲！

太棒了！和我一起工作吧！

琉衣？

呵呵呵呵……

轉

？？

我就踩著這傢伙的頭來接近五十嵐先生吧！嘿

咻

請多多指教。

請、請多多指教……

統計學課就這樣開始了……

◆第1章◆

確認資料的種類

✽ 1. 類別資料和數值資料 ✽

那麼
山本老師，我們從什麼地方開始學起呢？

我想想——

既然才剛開始，就從簡單的學起吧！

四處

張望

啪

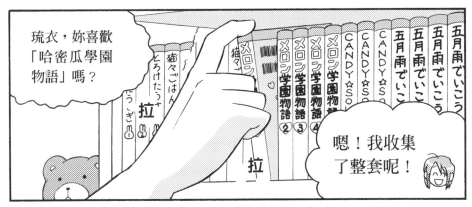

琉衣，妳喜歡「哈密瓜學園物語」嗎？

嗯！我收集了整套呢！

拉

拉

其實我也挺喜歡
「哈密學」……

不過這和統計學有
什麼關係呢？

呵呵呵呵呵

啪啦　　啪啦

101-84

○○郵局郵政信箱
第○號・○X社
哈密瓜學園物語 第五集
愛讀者問卷 部門

有了！

★哈密瓜學園物語 第五集★
愛讀者問卷

Q1. 讀完「哈密瓜學園物語」第五集的感想為？

　　1. 非常有趣
　　2. 有點有趣
　　3. 普通
　　4. 有點無趣
　　5. 非常無趣

Q2. 你的性別是？
　　1. 女　　2. 男

Q3. 你的年齡為？　　　　＿＿歲

Q4. 平均每月購入幾本雜誌呢？　　＿＿本

我們將從回函中抽出30名
幸運讀者，並贈送「莉娜鑰
匙圈」喲！

感謝您的協助。您貴重的意見，
將做為今後出版和企劃的參考。

從讀者取得的資料

	『哈家學』的感想	性別	年齡（歲）	平均一個月購買的雜誌數（冊）
琉衣	非常有趣	女	17	2
A	有點有趣	女	17	1
B	普通	男	18	5
C	有點無趣	男	22	7
D	有點有趣	女	25	4
E	非常無趣	男	20	3
F	非常有趣	女	16	1
G	有點有趣	女	17	2
H	普通	男	18	0
I	普通	女	21	3

假設問卷調查的結果像這樣。

嗯。

雖然我很在意「哈密學」的評價！

哈密學 宅男

但先不提這個，今天課程的重點在於資料分類。

咚

什麼意思？

資料分為「不可測量」的資料和

「可測量」的資料。

不可測量

可測量

以這份問卷來說，就是這種情況。

★哈密瓜學園物語 第五集★
愛讀者問卷

Q1. 讀完「哈密瓜學園物語」第五集的感想為？
① 非常有趣
2. 有點有趣

不可測量的資料

4. 有趣
5. 非常無趣

Q2. 你的性別是？
1. 女 2. 男

Q3. 你的年齡為？ 17 歲

可測量的資料

Q4. 平均每月購入幾本雜誌呢？ 2 本

我們將從回函中抽出30名幸運讀者，並贈送「莉娜鑰匙圈」喲！

感謝您的協助。您貴重的意見，將做為今後出版和企劃的參考。

不可測量的資料稱為「**類別資料**[*1]」，而可測量的資料稱為「**數值資料**[*2]」。

[*1]類別資料：Category Data或Categorical Data。
[*2]數值資料：Numerical Data。

19

❊ 2. 類別資料必須注意的實例 ❊

不過～

Q1. 感覺
不像類別
資料呀。

Q1. 讀完「哈密瓜學園物語」
1. 非常有趣
2. 有點有趣
3. 普通
4. 有點無趣
5. 非常無趣
性別是？

我懂妳的意
思。

對吧——
好好說明
清楚喔！

從結論來說，
「Q1.『哈密學』的
感想」是「不可測量」
的資料。

耶？
為什麼？

因為它的數值資料
並非相等間隔。

還是
不懂呀！

那麼，
就舉個實例
來說……

琉衣……

怎麼了？

妳體重多少？

暴怒

怎麼可以問女生這種超沒禮貌的問題！

對不起

那麼身高多高？

151公分。

先問這個不就好了嗎？

太好了！妳不介意！

量身高時使用身高計，對吧？

那當然。

因此，「身高」是「可測量」的資料，也就是數值資料。

哦！了解了！

再來看下一個例子吧！

什麼？什麼？

喀 丘

呃……

哈密瓜的桌布…

琉衣應該已經通過財團法人日本英語檢定協會的實用英語技能檢定了吧？

高達等級 我的…

那是什麼呀？

通稱「英檢」

有！我有準2級的證照 ♡

那麼，英檢的級數是算哪一種資料呢？

是數值……嗎？

上當了吧！

英檢難易度的基準

1級	2級	3級	4級	5級
大學 高級程度	高中 畢業程度	中學 畢業程度	中學 中級程度	中學 初級程度
約10,000～ 15,000字 程度	約 5,100字 程度	約 2,100字 程度	約 1,300字 程度	約 600字 程度

(摘自財團法人　日本英語檢定協會 http://www.eiken.or.jp)

用表格來看看英檢的難易度標準。

喔～

依級別不同，必須具備的單字量差異很大呢！

是呀。除了語彙數，其他部份的難易度也有差異呢！

所以級數之間的間隔並不相等。

也就是說……

英檢的等級是「不可測量」的資料，也就是類別資料！

I see!

那麼，妳應該已經完全了解了吧！

★哈密瓜學園物語 第五集★
愛讀者問卷

Q1. 讀完「哈密瓜學園物語」第五集的感想為？
  ① 非常有趣
  2. 有點有趣
  3. 普通
  4. 有點無趣
  5. 非常無趣

Q2. 你的性別是？
  1. 女 2. 男

Q3. 你的年齡為？ 17歲

Q4. 平均每月購入幾本雜誌呢？ 2本

我們

這份讀者問卷的Q1中，每個選項的間隔相等嗎？

嗯～
不相等！

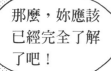

那種東西因人而異吧！

所以是類別資料。

正是如此。

25

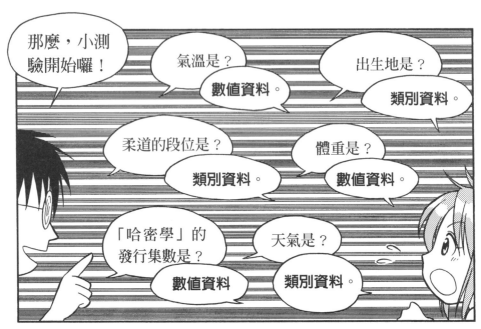

那麼，小測驗開始囉！

氣溫是？
數值資料。

出生地是？
類別資料。

柔道的段位是？
類別資料。

體重是？
數值資料。

「哈密學」的發行集數是？
數值資料

天氣是？
類別資料。

非常好！今天的課就上到這裡。

啾～

叩

呵呵呵

謝謝你！

那麼，下週見。

啊！琉衣……

如同 25 頁中所述，「Q1. 讀完『哈密瓜學園物語』第五集的感想為？」是類別資料。然而，實際的消費者問卷調查中，數值資料並不少見。也就是

非常有趣	⇨	5分
有點有趣	⇨	4分
普通	⇨	3分
有點無趣	⇨	2分
非常無趣	⇨	1分

或是

非常有趣	⇨	2分
有點有趣	⇨	1分
普通	⇨	0分
有點無趣	⇨	−1分
非常無趣	⇨	−2分

以這類解釋資料的情況並不少。

理論的世界和實務的世界，不，客套話的世界和真心話的世界中也應該有這樣的區別。無論如何，希望各位知道，若觀點不同，則資料的取得方式也有可能會不同。

例題

請注意下表

	血型	對運動飲料X的評價	開空調令人感到舒適的室溫（℃）	100公尺的短跑記錄（秒）
A同學	B	難喝	25	14.1
B同學	A	好喝	24	12.2
C同學	AB	好喝	25	17.0
D同學	O	普通	27	15.6
E同學	A	難喝	24	18.4
:	:	:	:	:

請就「血型」、「對運動飲料X的評價」、「開空調令人感到舒適的室溫」、「100公尺的短跑記錄」分類為類別資料或數值資料。

解答

「血型」和「對運動飲料X的評價」為類別資料。「開空調令人感到舒適的室溫」和「100公尺的短跑記錄」為數值資料。

總整理

● 資料可分類為類別資料和數值資料。
● 「非常有趣」～「非常無趣」……等，在理論上為類別資料。然而，在實務上，卻經常將其視為數值資料。

◆第2章◆

掌握資料整體的狀態

〈數值資料篇〉

原來如此。

……

首先，將價格整理成表格來看。

『美味拉麵best 50』上刊載的拉麵店的拉麵價格

	價格(日圓)		價格(日圓)
拉麵店 1	700	拉麵店 26	780
2	850	27	590
3	600	28	650
4	650	29	580
5	980	30	750
6	750	31	800
7	500	32	550
8	890	33	750
9	880	34	700
10	700	35	600
11	890	36	800
12	720	37	800
13	680	38	880
14	650	39	790
15	790	40	790
16	670	41	780
17	680	42	600
18	900	43	670
19	880	44	680
20	720	45	650
21	850	46	890
22	700	47	930
23	780	48	650
24	850	49	777
25	750	50	700

怎麼又開始上起課來了……

怪人！

看了這個表格，有什麼想法嗎？

呃～

真想吃拉麵！

望

暴

怒

沒有其他的想法嗎？

耶——

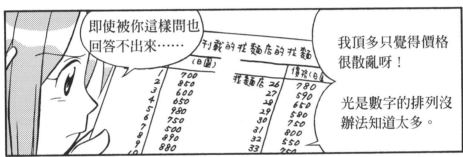

即使被你這樣問也回答不出來……

刊載的拉麵店的拉麵

我頂多只覺得價格很散亂呀！

光是數字的排列沒辦法知道太多。

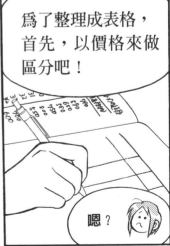

要怎麼做才能讓這個表格變得容易理解呢？

嗯……

整理成表格嗎？

沒錯！

為了整理成表格，首先，以價格來做區分吧！

嗯？

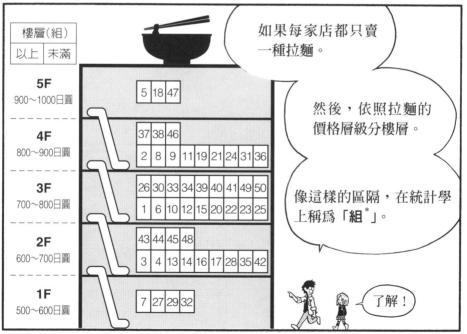

*組：Class。

因為2樓是600～700日圓，所以標示為650日圓。

每層樓都掛一塊看板，顯示該樓層的中間價格。

這就稱為「組中點」[*1]。

噗！

因為這家百貨公司以價格範圍來分樓層，因此每層的店舖數都不一樣喲！

真的耶！

1樓有4家 2樓有13家…

每層樓的店舖數則稱為「次數」[*2]。

3樓是最多店舖的一層耶！有18家喲！

堅定

那麼請試著計算一下三樓的「相對次數」[*3]。

*1組中點：Class Midpoint。

*2次數：Frequency。

*3相對次數：Relative Frequency。

相對
次數？

就像我們平常在使用的百分比一樣。

將全體視為1的比例。

算式就是這樣。

$$相對次數 = \frac{所屬於各組的資料個數}{資料總數}$$

心算心算
心算心算
心算心算
心算

嗯……3樓有18家店舖，總共有50家，所以……

$$\frac{18}{50} = \frac{36}{100} = 0.36 吧！$$

沒錯！屬於700～800日圓的這組，也就是組中點為750日圓的拉麵店，其相對次數為0.36，乘以100後，以百分比來表示，就是36%。

噢……
又變成數學了。

跟得上進度嗎？

若將目前為止談到的整理成如圖般的「次數分配表[1]」，則……

『美味拉麵best 50』的次數分配表

組		組中點	次數	相對次數
以上	未滿			
500 ~ 600		550	4	0.08
600 ~ 700		650	13	0.26
700 ~ 800		750	18	0.36
800 ~ 900		850	12	0.24
900 ~ 1000		950	3	0.06
計			50	1.00

是呀！

唉——果然還是數字。

確實，只有數字的話會比較難以理解，那就將它圖表化吧！

興致高昂

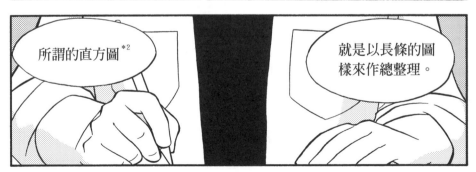

所謂的直方圖[2]

就是以長條的圖樣來作總整理。

*1次數分配表：Frequency Distribution Talbe。

*2直方圖：Histogram。

橫軸為「變數」*1，換句話說，在此即為拉麵的價格。

長條的寬度即為「組距」*2。

長條的中央即為「組中點」。

《美味拉麵best 50》的次數分配表製成的直方圖

直方圖（縱軸為次數）

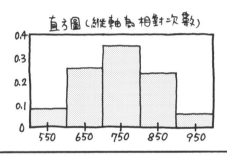

直方圖（縱軸為相對次數）

縱軸，

在上圖為「次數」，

在下圖則為「相對次數」。

如何？

嗯……

拉麵價格的變化

我似乎或多或少可以想像了。

妳說的「似乎」就是重點！次數分配表和直方圖就是為了讓人能夠直覺地掌握全體資料的狀態而產生的！

哦～！原來如此！

*1 變數：Variable。
*2 組距：Class Width。

39

✽ 2. 平均數 ✽

前一陣子我們全班的女生一起去打bowling（保齡球）呢！

休息中

挖洞（boring）呀～～～

有高中女生會做這種事嗎？

山本老師你到底幾歲呀？

74

我糊塗了。

全班的女生，那不是有很多人。

A　B　C

是呀，總共有18人，所以每6人一組，分成3組做對抗賽喲！

你看！這是當時的得分表～

攤開

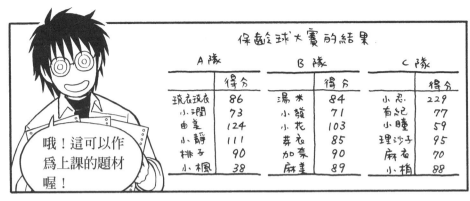

保齡球大賽的結果

A隊		B隊		C隊	
	得分		得分		得分
琉衣琉衣	86	湯米	84	小忍	229
小潤	73	小雜	71	有紀	77
由美	124	小花	103	小瞳	59
小靜	111	芽衣	85	理沙子	95
桃子	90	加奈	90	麻衣	70
小楓	38	麻美	89	小梢	88

哦！這可以作為上課的題材喔！

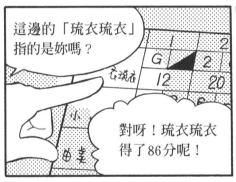

這邊的「琉衣琉衣」指的是妳嗎？

對呀！琉衣琉衣得了86分呢！

乍看之下，琉衣的得分似乎跟全隊平均數差不多呢！

哼

所謂的平均數就是各隊中每1人的大概得分，妳懂嗎？

我知道呀！就是全隊總分平均的得分，對吧？

如果琉衣達到比平均數高分的話，要請我吃蛋糕喲 ♡

豪爽

那麼就趕快來計算平均數吧！

所謂分隊比賽指的是比各隊的總得分吧？

是呀！

總得分除以隊員人數就是平均數了。

A 隊

$$\frac{86+73+124+111+90+38}{6}=\frac{522}{6}=87$$

B 隊

$$\frac{84+71+103+85+90+89}{6}=\frac{522}{6}=87$$

C 隊

$$\frac{229+77+59+95+70+88}{6}=\frac{618}{6}=103$$

C隊真強！

因此，琉衣琉衣的全隊平均數為87。

琉衣琉衣得86分。

可以請我吃蛋糕嗎？

嗯

興奮

不准再叫我琉衣琉衣了!

好……好啦好啦!

不說蛋糕,那不如教妳小知識吧!

什麼什麼?

剛才說明的「平均數」,其實嚴格來說,應該稱為「算術平均數[*1]」或「相加平均數」。

其他還有「幾何平均[*2]」(=「相乘平均數」)及「調和平均數[*3]」等平均數。目前就別管算式,先把名稱記下來吧!

幾何平均

$$\sqrt[n]{x_1 \times x_2 \times \cdots \times x_n}$$

調和平均

$$\dfrac{1}{\dfrac{1}{x_1} + \dfrac{1}{x_2} + \cdots + \dfrac{1}{x_n}}{n}$$

真是難吸收的小知識呀!

討厭

*1算術平均數:Arithmetic Mean。
*2幾何平均數:Geometric Mean。
*3調和平均數:Harmonic Mean。

❊ 3. 中位數 ❊

我們再來看一次得分表。

什麼什麼？

先不看A隊和B隊，妳不覺得C隊的平均數

保齡球大賽的結果

A 隊	得分	B 隊	得分	C 隊	得分
琉夜琉夜	86	瑞米	84	小忍	229
小潤	73	小誌	71	有紀	77
由美	124	小花	103	小瞳	59
小霸	111	芽夜	85	里沙子	95
排子	90	加奈	90	麻夜	70
小楓	38	麻美	89	小梢	88

被視為「每個人的平均數」，很沒道理嗎？

沒錯。得分只有2位數的成員明明有5人之多，平均數卻超過100。

小忍真的不錯～

像這樣具有異常大或小的資料時，

與其求平均數，不如找出「**中位數**＊」較為妥當。

「**中位數**」？

＊中位數：Median。

所謂的中位數，是指將資料依大小順序排列時，最中間的值。

首先，將各隊得分依大小順序排列看看。

A 隊

38	73	86	90	111	124

B 隊

71	84	85	89	90	103

C 隊

59	70	77	88	95	229

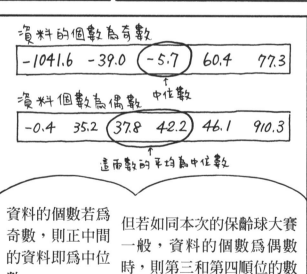

資料的個數為奇數

-1041.6	-39.0	(-5.7)	60.4	77.3

↑ 中位數

資料個數為偶數

-0.4	35.2	(37.8	42.2)	46.1	910.3

↑
這兩數的平均為中位數

資料的個數若為奇數，則正中間的資料即為中位數。

但若如同本次的保齡球大賽一般，資料的個數為偶數時，則第三和第四順位的數字之平均就成為中位數。

那麼，我們來算算看C隊的中位數吧！

是！

$$\frac{77+88}{2} = 82.5$$

答對了！

再來介紹一個和平均數有關的小知識……

又是小知識啊……

大智慧是小知識聚集的。琉衣，妳有存錢的習慣嗎？

當然有囉！雖然只有4位數。

那麼，經常在報紙或電視新聞中出現的「日本『平均』儲蓄額」的數值，妳沒有對此數值之高感到驚訝嗎？

當然有呀！原來除了我之外，其他人居然這麼有錢呀……

那個數字是被少數的超級大富翁所提高的。

因此，即使自己的儲蓄額比「平均」低相當多，也不必因此感到擔憂。

在這種情況下，也許求中位數較能符合一般民眾的平均儲蓄額。

完全沒在聽耶…

做白日夢

好吧！那就和比中位數高出許多的富翁結婚吧！

無力

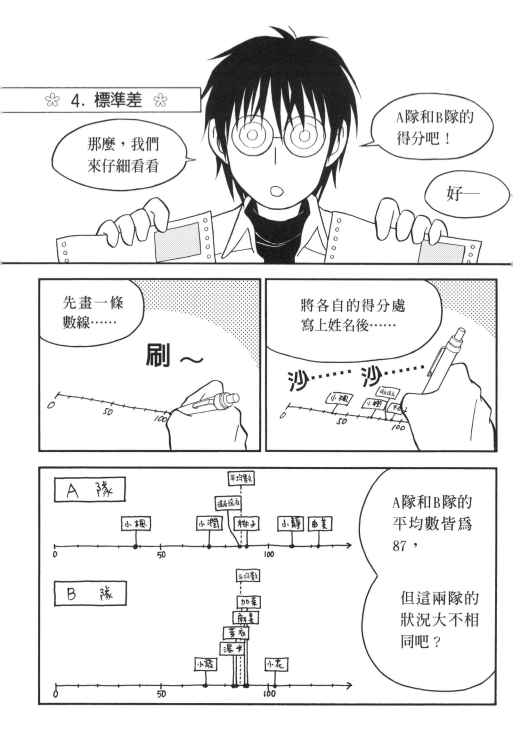

是呀。A隊隊員的得
分散落在高點和低
點，但B隊全體隊員
的分數都相當接近。

像這樣爲了表現「離
散程度」所使用的就
是「標準差*」。

那又是什麼？

大致上來說，就
是表示1個資料
「平均離散程度」
的指標。

什……什麼？

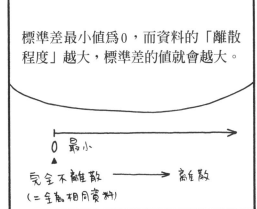

標準差最小值爲0，而資料的「離散
程度」越大，標準差的值就會越大。

0　最小
▲
完全不離散　　　　→　離散
（＝全為相同資料）

妳認爲A隊和B隊的標
準差哪一個比較大呢？

嗯……嗯……

A吧？

*標準差：Standard Deviation。

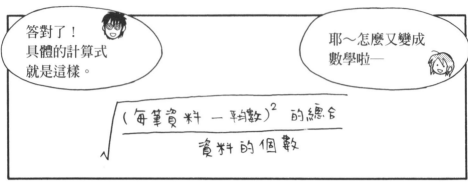

嗯，在這邊填入
得分……

89.7的平方根
是多少？

約9.5，
對吧！

做好了！　B 隊

$$\sqrt{\frac{(84-87)^2+(71-87)^2+(103-87)^2+(85-87)^2+(90-87)^2+(89-87)^2}{6}}$$

$$=\sqrt{\frac{(-3)^2+(-16)^2+16^2+(-2)^2+3^2+2^2}{6}}$$

$$=\sqrt{\frac{9+256+256+4+9+4}{6}}$$

$$=\sqrt{\frac{538}{6}}$$

$$=\sqrt{89.6\cdots}$$

$$\fallingdotseq 9.5$$

答對了！
妳也可以做
得到嘛！

哈哈哈！
小事一樁啦！

哇—

啪
啪
啪

標準差

A 隊 = 27.5　　B 隊 = 9.5

大家得分都差不多的B隊，
標準差確實比較小耶！

沒錯。
如果可以像琉衣的保齡球隊一樣，取得整個集合的資料就好了。

但一般而言，這是很困難的，

所以大部分都是使用後面的公式。

嗯……是這樣子呀——

那麼，今天的課程就到此結束

好的！謝謝老師！

至此，也許有些人仍然無法完全理解「1. 次數分配表和直方圖」。
下表同第 38 頁的曾使用過表。

表 2.1 「美味拉麵 best 50」的次數分配表

組		組中點	次數	相對次數
以上	未滿			
500 ~	600	550	4	0.08
600 ~	700	650	13	0.26
700 ~	800	750	18	0.36
800 ~	900	850	12	0.24
900 ~	1000	950	3	0.06
合計			50	1.00

　　如各位所見，上表中的組距是 100。這個「100」並非以數學上的任何基準
而訂定的，而是全由山本老師主觀決定的。沒錯，組距該設多廣皆依照分析者
本身的判斷。

　　「以主觀訂定的組距而做成的次數分配表並沒有說服力，無法公開於他人面
前，難道沒有以數學訂定組距的方法嗎？」也許有人會這麼感嘆。事實上，方
法是存在的。步驟如下頁所述。既然已經有數據了，就讓我們來看看，如果以
表 2.1 來試算會產生什麼樣的結果。

Step1

「組」的個數即組數可以使用史特吉斯公式，即：

$$1+ \frac{\log_{10}資料的個數}{\log_{10}2}$$

求出。

$$1+ \frac{\log_{10}50}{\log_{10}2} = 1+5.6438\cdots = 6.6438\cdots \fallingdotseq 7$$

Step2

組距以

$$\frac{（資料的最大值）-（資料的最小值）}{以史特吉斯公式求出的組數}$$

求出。

$$\frac{980-500}{7} = \frac{480}{7} = 68.5714\cdots \fallingdotseq 69$$

以【Step2】求出的組距為基礎，做出如下的次數分配表。

表 2.2　「美味拉麵 best 50」的次數分配表（「組距」以公式求出）

組 以上　未滿	組中點	次數	相對次數
500 ～ 569	534.5	2	0.04
569 ～ 638	603.5	5	0.10
638 ～ 707	672.5	15	0.30
707 ～ 776	741.5	6	0.12
776 ～ 845	810.5	10	0.20
845 ～ 914	879.5	10	0.20
914 ～ 983	948.5	2	0.04
合計		50	1.00

結果如何？各位不覺得這樣反而做出了張比表 2.1 還令人無法理解的表格嗎？也就是說，難道各位不會抱持「為何以 69 元為組距呢？」的疑問嗎？然後，即使你奮力地說明：「這是使用史特吉斯公式求出的……」，你不覺得還是會被質問：「誰知道史特吉斯公式是什麼呀！到底為什麼要使用這麼難以解釋的組距呢？」

　　總而言之，也許有人會質疑以主觀訂定組距的合理性。但另一方面，我們從上表可清楚得知，即使用數學方法訂定組距，卻時常還是會產生不盡理想的結果。因此，這個方法是否恰當，須重新思考。但是，我個人覺得原先的次數分配表就是用來掌握資料整體的「氣氛」，因此，以分析者可接受的組距來處理即可。

✿ 6. 推論統計學和敘述統計學 ✿

在序章中，有這麼一段解說：「所謂的統計學，即為從樣本的資訊推測母體狀況的學問。」其實這段解說並不適當。

統計學分為推論統計學和敘述統計學兩門學問。序章所解說的為前者。那麼後者的敘述統計學到底是什麼呢？也就是藉由整理資料，盡可能簡單明瞭地顯示出整體狀況為目的的統計學。即，將對象集合視為一個母體的統計學。

敘述統計學的解說則可能由於過於抽象而難以理解。讓我再舉個例子說明。剛才山本求出了琉衣隊得分的平均數和標準差。他求出此兩者的目的，並非為了推測母體的狀況。以琉衣隊為樣本的母體，究竟是怎樣的母體呢？簡而言之，山本之所以求出平均數和標準差，僅是為了簡潔地表示琉衣隊的狀況。這樣的統計學即為敘述統計學。

例題和解答

例題

下表為記錄高中女子 100 公尺短跑的結果。

	100公尺短跑(秒)
A同學	16.3
B同學	22.4
C同學	18.5
D同學	18.7
E同學	20.1

(1) 請求出平均數。

(2) 請求出中位數。

(3) 請求出標準差。

(1) 平均數是 $\dfrac{16.3+22.4+18.5+18.7+20.1}{5}=\dfrac{96}{5}=19.2$

(2) 中位數是 18.7

| 16.3 | 18.5 | (18.7) | 20.1 | 22.4 |

(3) 標準差是

$$\sqrt{\dfrac{(16.3-19.2)^2+(22.4-19.2)^2+(18.5-19.2)^2+(18.7-19.2)^2+(20.1-19.2)^2}{5}}$$

$$=\sqrt{\dfrac{(-2.9)^2+3.2^2+(-0.7)^2+(-0.5)^2+0.9^2}{5}}$$

$$=\sqrt{\dfrac{8.41+10.24+0.49+0.25+0.81}{5}}$$

$$=\sqrt{\dfrac{20.2}{5}}$$

$$=\sqrt{4.04}$$

$$\fallingdotseq 2.01$$

總整理

- 用「直覺性」的方式掌握整體資料氛圍的方法有，利用次數分配表的作用及直方圖的描繪。
- 訂定次數分配表的組距可採用史特吉斯公式。
- 用「數學性」的方式掌握全體資料氛圍的方法有，算出平均數、中位數和標準差。
- 當過大或過小的資料存在時，中位數較平均數更能正確掌握資料狀態。
- 標準差為表示資料「離散程度」的指標。

◆第3章◆

掌握資料整體的狀態
〈類別資料篇〉

原來是格紋的
水手服啊……

還真少見

看……
就是這件 ♡

我們班上還
做了問卷調
查呢！

結果就是
這樣。

新制服問卷調查

	新制服		新制服		新制服
1	喜歡	16	普通	31	喜歡
2	普通	17	喜歡	32	普通
3	喜歡	18	喜歡	33	喜歡
4	普通	19	喜歡	34	討厭
5	討厭	20	喜歡	35	喜歡
6	喜歡	21	喜歡	36	喜歡
7	喜歡	22	喜歡	37	喜歡
8	喜歡	23	討厭	38	喜歡
9	喜歡	24	普通	39	普通
10	喜歡	25	喜歡	40	喜歡
11	普通	26	喜歡		
12	喜歡	27	討厭		
13	喜歡	28	喜歡		
14	喜歡	29	喜歡		
15	喜歡	30	喜歡		

哇！這份問卷
就是類別資料
呢！

對呀！因為「喜歡」
和「討厭」是不可
測量的資料。

那麼，爲了掌握資料整體的狀態，我們來做成表格吧！

好呀。

	次數	比例(%)
喜歡	28	70
普通	8	20
討厭	4	10
合計	40	100

我將這張表稱爲「次數分配表」。

順道一提，琉衣的回答是？

喜歡 ♡

來複習一下。「喜歡」的次數是？

有28人回答喜歡，所以是28。

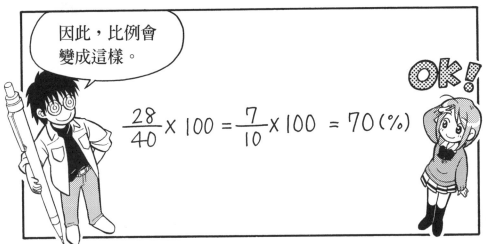

因此，比例會變成這樣。

$$\frac{28}{40} \times 100 = \frac{7}{10} \times 100 = 70(\%)$$

OK!

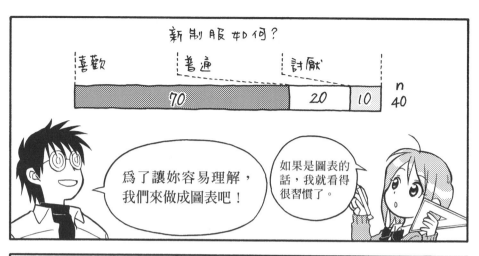

新制服如何？

喜歡	普通	討厭	n
70	20	10	40

為了讓妳容易理解，我們來做成圖表吧！

如果是圖表的話，我就看得很習慣了。

列出圖表後，回答「喜歡」的人超過半數，因此這款制服的設計似乎還蠻討人喜歡的。

當然！因為真的很可愛嘛！

補充一下，我也還蠻「喜歡」的。

哈哈哈……

63

例題

　某家報社對有意爭取下屆政權的△△黨，做了份問卷調查表。結果如同下表所示。

	相較於○○黨， △△黨……
回答者1	不值得期待
回答者2	不值得期待
回答者3	不值得期待
回答者4	沒意見
回答者5	值得期待
回答者6	不值得期待
回答者7	值得期待
回答者8	沒意見
回答者9	不值得期待
回答者10	不值得期待

請將此問卷調查表結果做成「次數分配表」。

解答

「次數分配表」如下所示。

	次數	比例（%）
值得期待	2	20
沒意見	2	20
不值得期待	6	60
合計	10	100

● 做成「次數分配表」為掌握資料整體狀態的方法之一。

◆第4章◆

標準分數和離均差分數

✿ 1. 標準化和標準分數 ✿

今天和我的朋友——
由美一起在外面上課。

真抱歉！打擾你們了～ㅇㅇㅇㅇ。

沒這回事！完全不會打擾哦！

那麼，今天要上什麼內容呢？

有了！請教我們什麼是「離均差分數*」。

哦！離均差分數呀！

我們不但感情好，不同科目的考試還同分呢！

*離均差分數：Deviation Score。

但為什麼由美的古文的離均差分數比較高呢？

為什麼!?

怎麼這麼這座？

高

低

這是因為英語和古文的分數價值不同。

耶～為什麼!?

如果能知道其他同學的分數就好了……

那還真是不容易耶……

翻找

來吧！這個……

由美……

嗯！

原來如此！

測驗結果（100分滿分）					
	英語	古文		英語	古文
琉衣	90	71	H	67	85
由美	81	90	I	87	93
A	73	79	J	78	89
B	97	70	K	85	78
C	85	67	L	96	74
D	60	66	M	77	65
E	74	60	N	100	78
F	64	83	O	92	53
G	72	57	P	86	80

請先算出各科的平均分數。

好的。

算好了！

平均分數
英語 = 81.3
古文 = 74.3

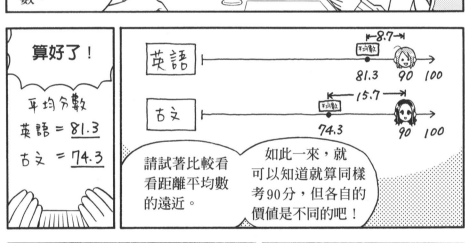

英語

←8.7→

平均數

81.3 90 100

古文

←15.7→

平均數

74.3 90 100

請試著比較看看距離平均數的遠近。

如此一來，就可以知道就算同樣考90分，但各自的價值是不同的吧！

喔─原來如此呀～

啊！不過90分已經很厲害了呀！

那麼待會就請妳們兩個吃蛋糕吧！

卡棒了─

蛋糕！

蛋糕！

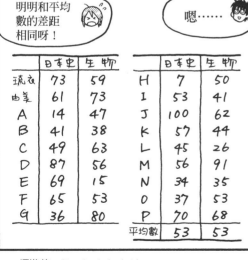

	日本史	生物
琉夜	73	59
由美	61	73
A	14	47
B	41	38
C	49	63
D	87	56
E	69	15
F	65	53
G	36	80

	日本史	生物
H	7	50
I	53	41
J	100	62
K	57	44
L	45	26
M	56	91
N	34	35
O	37	53
P	70	68
平均數	53	53

＊標準差：Standard deviation。

$$\sqrt{\frac{(每筆資料-平均數)^2 的總合}{資料的個數}}$$ 對吧⋯

嗯⋯⋯

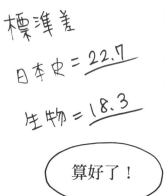

標準差

日本史 = 22.7

生物 = 18.3

算好了！

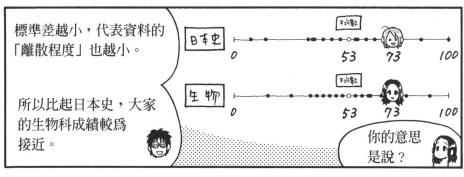

標準差越小，代表資料的「離散程度」也越小。

所以比起日本史，大家的生物科成績較爲接近。

日本史	平均數

0　　　　53　73　100

生物	平均數

0　　　　53　73　100

你的意思是說？

以考試的語言來說，就是生物的1分比較重要。

因此，即使只有1、2分的差異，也會大大影響排名。

太適合了⋯

眼睛一亮

同樣是73分，但生物分數的價值比較高呀！

琉依

洩氣～

即使如此，比較分數這件事還真是麻煩呀。

不耐煩

是呀～

我想到一個好東西，那就是「標準化*」！

也可以稱作基準化。

「標準化」！？

以距離平均數的遠近狀況及資料的「離散程度」作為基礎，

將分數的價值轉換成易於討論的資料！

＊標準化：Standardization。

標準化的方法就是這樣！

$$\frac{(每筆資料)-(平均數)}{標準差} = 標準分數$$

哦我！

標準化後的資料，稱爲「標準分數*」。

那麼，實際試算一下剛才的考試資料吧！

好呀一

日本史和生物的測驗結果及其標準分數

	日本史	生物	日本史的標準分數	生物的標準分數
琉衣	73	59	0.88	0.33
由美	61	73	0.35	1.09
A	14	47	-1.71	-0.33
B	41	38	-0.53	-0.82
C	49	63	-0.18	0.55
D	87	56	1.49	0.16
E	69	15	0.70	-2.08
F	65	53	0.53	0
G	36	80	-0.75	1.48
H	7	50	-2.02	-0.16
I	53	41	0	-0.66
J	100	62	2.07	0.49
K	57	44	0.18	-0.49
L	45	26	-0.35	-1.48
M	56	91	0.13	2.08
N	34	35	-0.84	-0.98
O	37	53	-0.70	0
P	70	68	0.75	0.82
平均	53	53	0	0
標準差	22.7	18.3	1	1

就是 這樣呀一 琉衣的日本史標準分數 $\frac{73-53}{22.7} = \frac{20}{22.7} = 0.88$

由美的生物標準分數 $\frac{73-53}{18.3} = \frac{20}{18.3} = 1.09$

*標準分數：Standard Score。

❋ 2. 標準分數的特徵 ❋

標準化後求出的標準分數具有某些特徵。

那麼,這些數字代表什麼?

0.88和1.09

① 無論作為變數的滿分為幾分,其標準分數的平均數勢必為0,而其標準差勢必為1。

滿分為100分的考試和滿分為200分的考試也可以比較喲!

② 無論作為變數的單位是什麼,其標準分數的平均數勢必為0,而其標準差勢必為1。

安打率和全壘打數等即使單位不同也可以比較。

由於標準分數中,

0.88 < 1.09
(日本史) (生物),

因此,哪一個73分較有價值,我想應該可以很明顯地看出來吧!

勝負立判呀!

✿ 3. 離均差分數 ✿

它的公式就像這樣。

而且，離均差分數就是應用標準分數所得的數值哦！

哦

$$離均差分數 = 標準分數 \times 10 + 50$$

真的耶～
含有標準分數
在裡面～

來算算看妳們考試的離均差分數吧！

| 琉衣
(日本史) | $0.88 \times 10 + 50 = 8.8 + 50 = 58.8$ |
| 由美
(生物) | $1.09 \times 10 + 50 = 10.9 + 50 = 60.9$ |

對對！
就是這個數字～

特徵請看！

標準分數

① 無論作為變數的滿分為幾分，其標準分數的平均數勢必為0，而其標準差勢必為1。
② 無論作為變數的單位是什麼，其標準分數的平均數勢必為0，而其標準差勢必為1。

離均差分數

① 無論作為變數的滿分為幾分，其離均差分數的平均數勢必為50，而其標準差勢必為10。
② 無論作為變數的單位是什麼，其離均差分數的平均數勢必為50，而其標準差勢必為10。

原來如此——

因為考試成績，就算只是一分也會影響深遠，所以才會使用離均差分數吧！

那麼今天的課程就到此為止吧！

太棒了——

蛋糕——

我呢～覺得這個和這個都不錯呢！

「水果塔」

「草莓千層派」

60元

80元

耶

耶

我想要吃吃看這個～

蘑菇的童話風蛋糕

150元

山本老師，我們開動囉♡

冒冷汗

冒冷汗

我的錢夠嗎？

在此有必要加強離均差分數的解說。

離均差分數如同 74 頁的解說，是以下述算式求得的：

$$離均差分數＝標準分數×10＋50＝\frac{（每筆資料）－（平均數）}{標準差}×10＋50$$

那麼，琉衣的班上，如同 61 頁中說明的，全班共有 40 人。琉衣班上的「女生」，如 40 頁所示，共有 18 人。所以 69 頁的離均差分數實例，並非以全班同學為對象，而僅以女生為對象。若以全班同學為對象，平均數和標準差的值就會和僅以女生為對象時迥然不同，琉衣和由美的離均差分數也勢必有差異產生。實際上，若以全班同學為對象的情況下，琉衣的離均差分數較高。全班的測驗結果如表 4.1 所示。請各位務必試著算算看離均差分數。我先將答案說出來，琉衣的日本史離均差分數為 59.1，而由美的生物離均差分數為 56.7。

另外，假設在 2 年 1 班及 2 年 2 班也舉辦了相同的測驗。2 年 1 班只求出自己班上的平均數和標準差，再以此為基礎，求出離均差分數。2 班也只求出自己班上的平均數和標準差，再以此為基礎，求出離均差分數。結果，1 班的 A 同學之離均差分數為 57。2 班的 B 同學之離均差分數亦為 57。乍看之下，A 同學和 B 同學實力相當。然而，由於求出 A 同學和 B 同學的離均差分數時，所採用的平均數和標準差並不一致，既然兩班的平均數和標準差並不相同，因此兩人的離均差分數並無法做比較。

我再舉個例子，A 同學於 4 月時參加了某補習班的模擬測驗，其離均差分數為 54。而在暑期補習班中努力用功的 A 同學，為了想確認實力提昇了多少，9 月時又參加了另一個補習班所舉辦的模擬測驗，其離均差分數為 62。從兩種離均差分數看來，乍看之下，A 同學的實力似乎有獲得提昇。然而，由於 4 月和 9 月之模擬測驗分數的舉辦者不同，因此考生不相同。再加上，從 4 月與 9 月的考試結果，在欲求出離均差分數之際，所使用的平均數與標準差一定不同，因此無法就兩者得出的離均差分數做比較。

各位覺得如何呢？關於離均差分數的解釋，相當具有深度。

表 4.1　日本史和生物的測驗結果（琉衣的全班同學）

	日本史	生物
琉衣	73	59
由美	61	73
A	14	47
B	41	38
C	49	63
D	87	56
E	69	15
F	65	53
G	36	80
H	7	50
I	53	41
J	100	62
K	57	44
L	45	26
M	56	91
N	34	35
O	37	53
P	70	68

全體女同學

	日本史	生物
ㄅ	54	2
ㄆ	93	7
ㄇ	91	98
ㄈ	37	85
ㄉ	44	100
ㄊ	16	29
ㄋ	12	57
ㄌ	44	37
ㄍ	4	95
ㄎ	17	39
ㄏ	66	70
ㄐ	53	14
ㄑ	14	97
ㄒ	73	39
ㄓ	6	75
ㄔ	22	80
ㄕ	69	77
ㄖ	95	14
ㄗ	16	24
ㄘ	37	91
ㄙ	14	36
一	88	76
全班同學的平均數	48.0	54.9
全班同學的標準差	27.5	26.9

全體男同學

例題

下表爲高中女子 100 公尺短跑結果的記錄。

	100公尺 短跑(秒)
A同學	16.3
B同學	22.4
C同學	18.5
D同學	18.7
E同學	20.1
平均數	19.2
標準差	2.01

(1) 請確認「100 公尺短跑的標準分數」之平均數是否爲 0。

(2) 請確認「100 公尺短跑的標準分數」之標準差是否爲 1。

解答

「100 公尺短跑的標準分數」之平均數

$$= \frac{\left(\frac{16.3-19.2}{2.01}\right) + \left(\frac{22.4-19.2}{2.01}\right) + \left(\frac{18.5-19.2}{2.01}\right) + \left(\frac{18.7-19.2}{2.01}\right) + \left(\frac{20.1-19.2}{2.01}\right)}{5}$$

$$= \frac{\left\{\frac{(16.3-19.2)+(22.4-19.2)+(18.5-19.2)+(18.7-19.2)+(20.1-19.2)}{2.01}\right\}}{5}$$ 　整理分子

$$= \frac{\left\{\frac{16.3+22.4+18.5+18.7+20.1-19.2-19.2-19.2-19.2-19.2}{2.01}\right\}}{5}$$ 　將分子分為每筆資料和−19.2

$$= \frac{\left\{\frac{96-19.2\times5}{2.01}\right\}}{5}$$

$$= \frac{\left\{\frac{96-96}{2.01}\right\}}{5}$$

$$= \frac{0}{5}$$

$$= 0$$

「100 公尺短跑的標準分數」之標準差

$$= \sqrt{\frac{\left(\frac{16.3-19.2}{2.01}-0\right)^2 + \left(\frac{22.4-19.2}{2.01}-0\right)^2 + \left(\frac{18.5-19.2}{2.01}-0\right)^2 + \left(\frac{18.7-19.2}{2.01}-0\right)^2 + \left(\frac{20.1-19.2}{2.01}-0\right)^2}{5}}$$

$$= \sqrt{\frac{\left(\frac{16.3-19.2}{2.01}\right)^2 + \left(\frac{22.4-19.2}{2.01}\right)^2 + \left(\frac{18.5-19.2}{2.01}\right)^2 + \left(\frac{18.7-19.2}{2.01}\right)^2 + \left(\frac{20.1-19.2}{2.01}\right)^2}{5}}$$

$$= \sqrt{\frac{\frac{(16.3-19.2)^2+(22.4-19.2)^2+(18.5-19.2)^2+(18.7-19.2)^2+(20.1-19.2)^2}{2.01^2}}{5}}$$ 　整理分子

$$= \sqrt{\frac{1}{2.01^2} \times \frac{(16.3-19.2)^2+(22.4-19.2)^2+(18.5-19.2)^2+(18.7-19.2)^2+(20.1-19.2)^2}{5}}$$ 　整理分子

$$= \frac{1}{2.01} \times \sqrt{\frac{(16.3-19.2)^2+(22.4-19.2)^2+(18.5-19.2)^2+(18.7-19.2)^2+(20.1-19.2)^2}{5}}$$

$$= \frac{1}{\text{「100公尺短跑的標準差」}} \times \text{「100公尺短跑」的標準差}$$ 　請詳見78頁的表

$$= 1$$

- 標準化(也可稱為基準化)即為,以距離平均數的遠近程度及資料的「離散程度」為基礎,將資料的價值轉換為易於探討的數據。
- 若執行標準化,則可以比較
  - 滿分不同的變數
  - 單位不同的變數
- 標準化後的資料稱為標準分數。
- 求離均差分數必須應用到標準分數。

◆第5章◆

求機率

❈ 1. 機率密度函數 ❈

今天就來談談求「某某機率」所須具備的知識吧！

凝視

統計學上會說「『某某機率』小於0.05」——

終於要開始進入機率的課程了。

山本老師不是條件超好的嗎？

哪裡啊……我還是喜歡五十嵐先生……

琉衣？

啊！抱歉！那機率是指會出現在天氣預報的那種機率嗎？

今天的上課內容會有點抽象。

但是，從現在起所學的知識，在統計學上會常常出現，請好好加油吧！

是呀。

抽象!?

琉衣

是、是的……

那麼，

假設 A 縣的全體高三生

A縣的高三生全體 英文測驗結果

	英語測驗結果
學生 1	42
學生 2	91
...	
學生 10421	50
平均數	53
標準差	10

參加了某補習班的考試。

今天倒是做了萬全準備嘛。

阿 呵 呵

將剛才的表格做成直方圖，就會變成這樣。

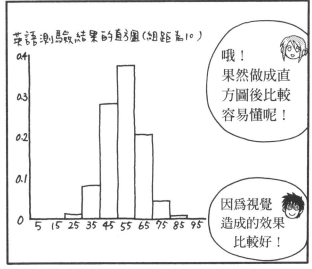

英語測驗結果的直方圖（組距為10）

哦！
果然做成直方圖後比較容易懂呢！

因為視覺造成的效果比較好！

若將這份直方圖的組距縮小同時增加調查的次數，結果會變得如何呢？

耶？

叩
嚴
厲

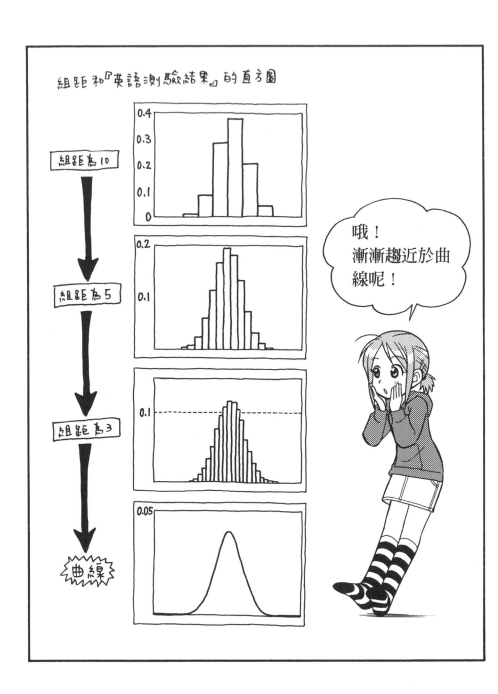

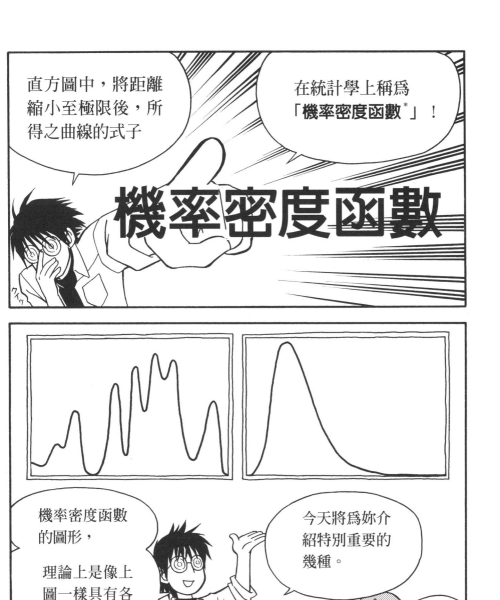

*機率密度函數：Probability Density Function，簡稱「pdf」。

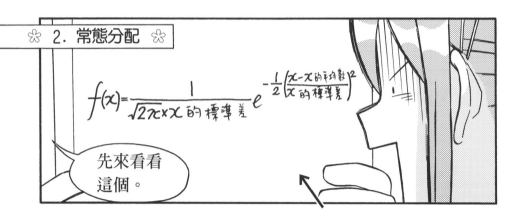

❋ 2. 常態分配 ❋

$$f(x) = \frac{1}{\sqrt{2\pi} \times x\text{的標準差}} e^{-\frac{1}{2}\left(\frac{x - x\text{的平均數}}{x\text{的標準差}}\right)^2}$$

先來看看
這個。

**這是什麼
鬼東西呀！？**

啊啊啊啊啊

這是在統計學上
經常出現的機率
密度函數啦！

這裡的「e」
是什麼啊？

「e」被稱為「自然對數
的底」，大約是2.7182
……的數值。

把它想成跟
「π」類似的
東西就好了！

這樣或許可以理解…

嗯。

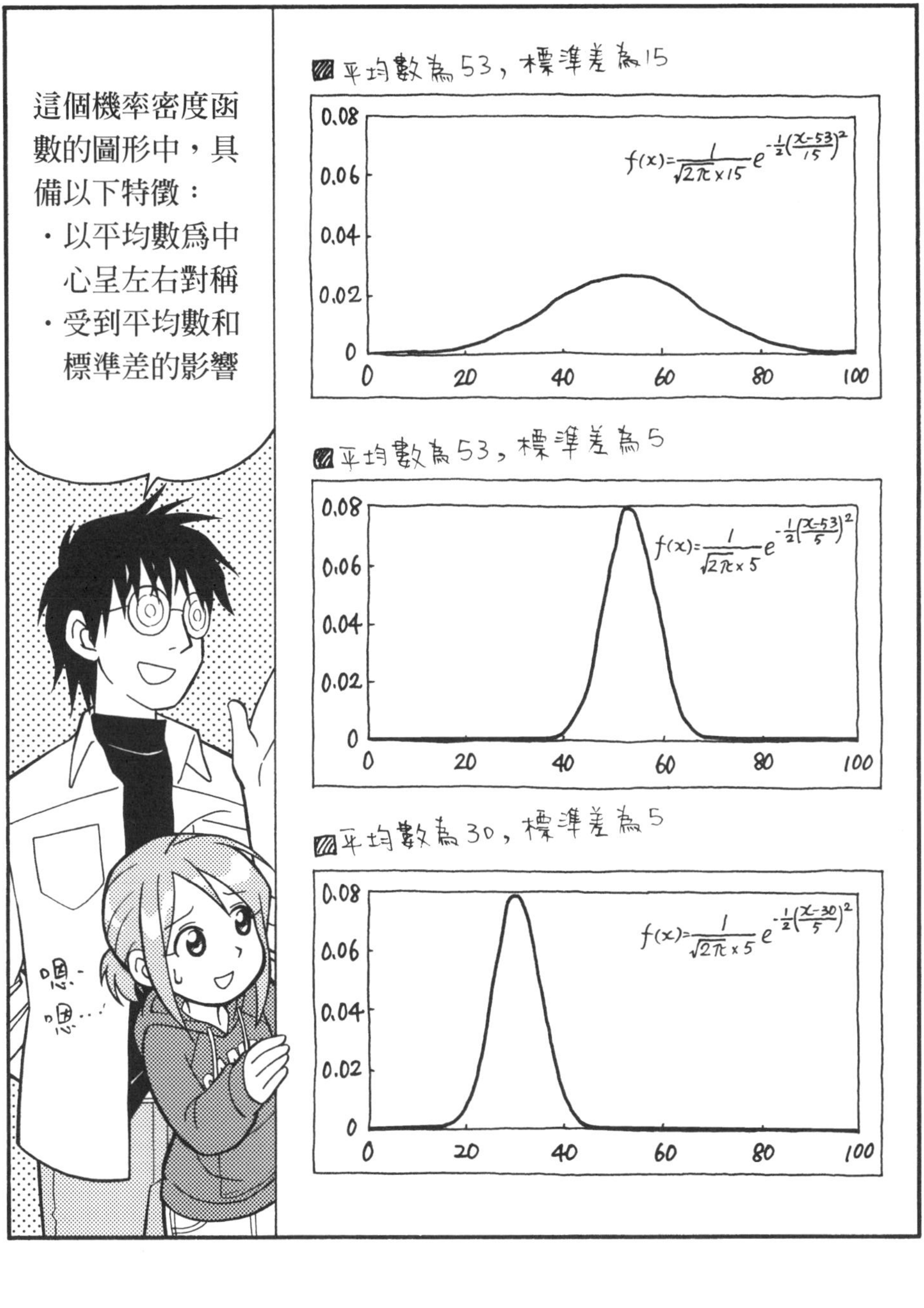

這個機率密度函數的圖形中，具備以下特徵：

· 以平均數為中心呈左右對稱
· 受到平均數和標準差的影響

◪ 平均數為53，標準差為15

$$f(x) = \frac{1}{\sqrt{2\pi} \times 15} e^{-\frac{1}{2}\left(\frac{x-53}{15}\right)^2}$$

◪ 平均數為53，標準差為5

$$f(x) = \frac{1}{\sqrt{2\pi} \times 5} e^{-\frac{1}{2}\left(\frac{x-53}{5}\right)^2}$$

◪ 平均數為30，標準差為5

$$f(x) = \frac{1}{\sqrt{2\pi} \times 5} e^{-\frac{1}{2}\left(\frac{x-30}{5}\right)^2}$$

在我的說明之中包含了算法，請仔細聽。

x 的機率密度函數若為剛才的算式：

$$f(x) = \frac{1}{\sqrt{2\pi} \times x\text{的標準差}} e^{-\frac{1}{2}\left(\frac{x - x\text{的平均數}}{x\text{的標準差}}\right)^2}$$

則統計學上，以「 x 遵守平均數為○○，標準差為XX 的常態分配」來表現。

這是什麼呀！！

遵守～
常・態・分・配！？

完全聽不懂啦！

總之，雖然算式有些獨特，還是請妳努力理解吧！

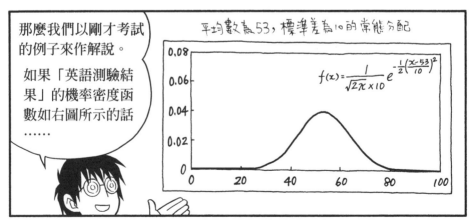

那麼我們以剛才考試的例子來作解說。

如果「英語測驗結果」的機率密度函數如右圖所示的話……

平均數為53，標準差為10的常態分配

$$f(x) = \frac{1}{\sqrt{2\pi} \times 10} e^{-\frac{1}{2}\left(\frac{x - 53}{10}\right)^2}$$

就會以「『英語測驗結果』遵守平均數爲53，標準差爲10的常態分配」來表現。

原、原來如此——

冒煙

3. 標準常態分配

那麼來進行下一個階段。

好的。

x 的機率密度函數若爲

$$f(x) = \frac{1}{\sqrt{2\pi} \times x\text{的標準差}} e^{-\frac{1}{2}\left(\frac{x-x\text{的平均數}}{x\text{的標準差}}\right)^2} = \frac{1}{\sqrt{2\pi} \times 1} e^{-\frac{1}{2}\left(\frac{x-0}{1}\right)^2} = \frac{1}{\sqrt{2\pi}} e^{-\frac{1}{2}x^2}$$

則不會以
「x 遵守平均數爲0，標準差爲1的常態分配」來表現，
在統計學上會以「x **遵守標準常態分配**」來表現。

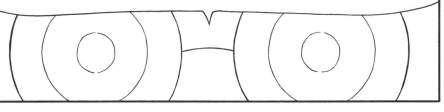

……!?

讓我們以剛才的
「英語測驗結果」的
例子來思考看看！

「英語測驗結果」遵守平
均數為53，標準差為10
的常態分配。

53

嗯。

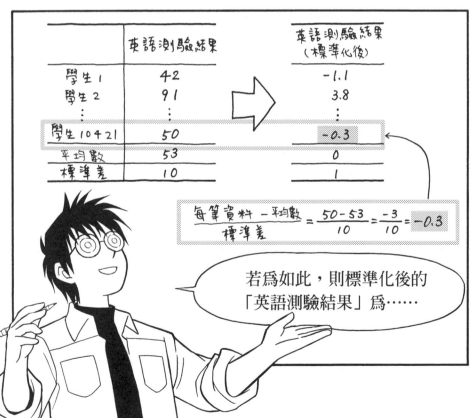

	英語測驗結果	英語測驗結果（標準化後）
學生1	42	-1.1
學生2	91	3.8
:	:	:
學生10421	50	-0.3
平均數	53	0
標準差	10	1

$$\frac{每筆資料 - 平均數}{標準差} = \frac{50-53}{10} = \frac{-3}{10} = -0.3$$

若為如此，則標準化後的
「英語測驗結果」為……

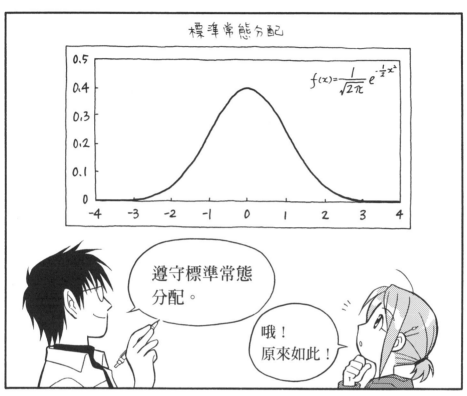

標準常態分配表

z	0.00	0.01	0.02	0.03	0.04	0.05	0.06	0.07	0.08	0.09
0.0	0.0000	0.0040	0.0080	0.0120	0.0160	0.0199	0.0239	0.0279	0.0319	0.0359
	0.0398	0.0438	0.0478	0.0517	0.0557	0.0596	0.0636	0.0675	0.0714	0.0753
	0.0793	0.0832	0.0871	0.0910	0.0948	0.0987	0.1026	0.1064	0.1103	0.1141
	:	:	:	:	:	:	:	:	:	:
	0.4641	0.4649	0.4656	0.4664	0.4671	0.4678	0.4686	0.4693	0.4699	0.4706
	0.4713	0.4719	0.4726	0.4732	0.4738	0.4744	0.4750	0.4756	0.4761	0.4767
	:	:	:	:	:	:	:	:	:	:

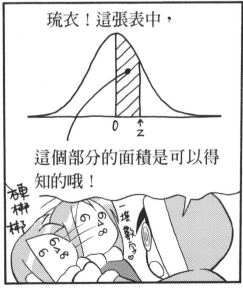

琉衣！這張表中，

這個部分的面積是可以得知的哦！

耶？面積？怎麼一回事？

哦

復活！

那麼，我們假設 $z=1.96$ 來思考看看。

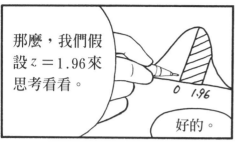

好的。

首先，以 $z=1.96$ 想成

$$Z = 1.9 + 0.06$$

上面這樣。

切開小數點第1位和第2位

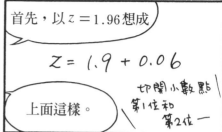

接下來，對照這張表。

z	0.00	0.01	0.02	0.03	0.04		0.06	0.07	0.08
0.0	0.0000	0.0040	0.0080	0.0120	0.0160	0.0199	0.0239	0.0279	0.0319
0.1	0.0398	0.0438	0.0478	0.0517	0.0557	0.0596	0.0636	0.0675	0.071
0.2	0.0793	0.0832	0.0871	0.0910	0.0948	0.0987	0.1026	0.1064	0.1141
:	:	:	:	:	:	:	:	:	:
1.8	0.4641	0.4649	0.4656	0.4664	0.4671	0.4678	0.4686	0.4693	0.4699	0.4706
1.9	0.4713	0.4719	0.4726	0.4732	0.4738	0.4744	0.4750	0.4756	0.4761	0.4767
:	:	:	:	:	:	:	:	:	:

「1.9」的行和「0.06」的列之交叉處……

是「0.4750」！

是的！這就是 $z=1.96$ 時的面積。

啊！差點忘了告訴妳，所有的標準常態分配之機率密度函數的圖形和橫軸所圍成的面積都是1哦！

面積＝1

哦！

那麼，現在開始要說明的內容就是今天的主菜。請用心聆聽。

標準常態分配的圖形和橫軸圍成的面積，被視爲與比例及機率相同。

舉兩個例子給妳看，請努力試著去理解吧！

例 I

B縣的全體高一生參加某補習班的數學測驗。計算分數後，得知「數學測驗結果」可視為遵守平均數為45，標準差為10的常態分配。那麼，請思考看看。下列提示的5點均為同義。

①平均數爲45，標準差爲10的常態分配中，下圖斜線部分的面積爲0.5。

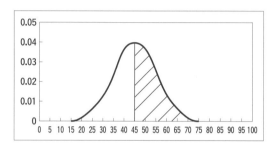

②得分在45分以上的考生比例，佔了全體考生的0.5（＝50%）。
③從全體考生之中，隨機抽出一人，其得分在45分以上的機率爲0.5（＝50%）。
④在「數學測驗結果」標準化後的標準常態分配中，

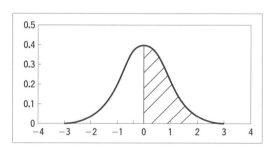

0以上的考生比例，佔全體考生的0.5（＝50%）。
⑤從全體考生之中，隨機抽出一人。在「數學測驗結果」標準化後的標準常態分配中，他的標準分數爲0以上的機率爲0.5（＝50%）。

因為平均數是45分，所以可以畫出以45分之處為高峰，左右對稱的圖形。

沒錯。

其中的45分以上，正好為圖形的右半邊，因此是50%。

是的！

那種程度的內容，我當然可以理解囉。

呼～安心了。那麼例Ⅱ為例Ⅰ的應用題哦！

例II

B縣的全體高一生參加某補習班的數學測驗。計算分數後，得知「數學測驗結果」可視為遵守平均數為45，標準差為10的常態分配。那麼，請思考看看。下列提示的5點均為同義。並請先閱讀第④點。

①平均數為45，標準差為10的常態分配中，下圖斜線部分的面積為
   $0.5 - 0.4641 = 0.0359$。

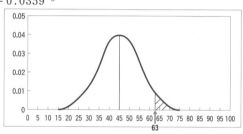

②得分在63分以上的考生，佔全體考生的$0.5 - 0.4641 = 0.0359$（＝3.59%）。

③從全體考生之中，隨機抽出一人，其得分在63分以上的機率為
   $0.5 - 0.4641 = 0.0359$（＝3.59%）。

④在「數學測驗結果」標準化後的標準常態分配中，

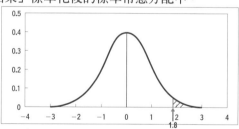

$1.8 = \dfrac{18}{10} = \dfrac{63-45}{10} = \dfrac{每筆資料 - 平均數}{標準差}$ 以上的考生比例，從標準常態分配表

可清楚得知，佔全體考生的$0.5 - 0.4641 = 0.0359$（＝3.59%）。

⑤從全體考生之中，隨機抽出一人。在「數學測驗結果」標準化後的標準常態分配中，他的標準分數為1.8以上的機率為$0.5 - 0.4641 = 0.0359$（＝3.59%）。

哦！確實
面積＝比例＝機率
呢！

妳能理解眞是太好了。

呵呵！

感激涕零…

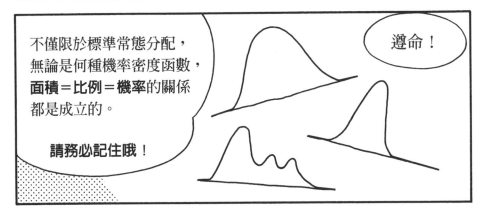

不僅限於標準常態分配，無論是何種機率密度函數，**面積＝比例＝機率**的關係都是成立的。

請務必記住哦！

遵命！

接下來，我來介紹下一個機率密度函數吧！

好的。

✽ 4. 卡方分配 ✽

還有一種叫作卡方分配[*1]的機率密度函數哦！

名稱聽來像是個難搞的東西。

後悔

不…不…很有趣的哦！

---

x 的機率密度函數若為，

$$f(x)=\begin{cases} x>0 \text{ 時，} & \dfrac{1}{2^{\frac{\text{自由度}}{2}} \times \displaystyle\int_{0}^{\infty} x^{\frac{\text{自由度}}{2}-1} e^{-x}\, dx} \times x^{\frac{\text{自由度}}{2}-1} \times e^{-\frac{x}{2}} \\[2em] \text{上述以外的情況則為} & 0 \end{cases}$$

則統計學上，以「x 遵守自由度[*2]為○○的卡方分配」來表現。

呀!!

若非數學家則不須對這個式子做討論，因此請不要擔心。

這是什麼玩意

因為琉衣的反應很有趣，所以才故意讓妳看這種式子的。

什麼？

總之，先來看看自由度為 2、10 以及 20 等情況下的圖形吧！

---

*1 卡方分配：Chi square Distribution。

*2 自由度：Degree of Freedom。

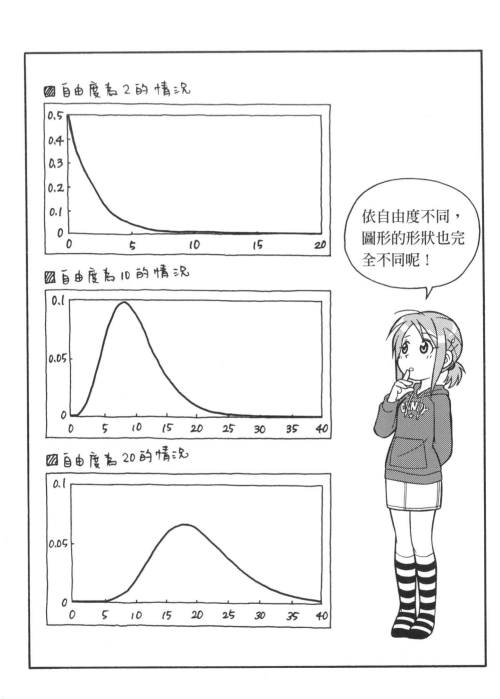

依自由度不同，圖形的形狀也完全不同呢！

那「自由度」到底是什麼呀！？

啊！對了！

1次函數 $f(x) = ax+b$ 之中，a 稱為什麼呢？

嗯……是「斜率」嗎？

沒錯！隨著 a 值的改變，圖形的傾斜度也會跟著改變吧！

對呀！

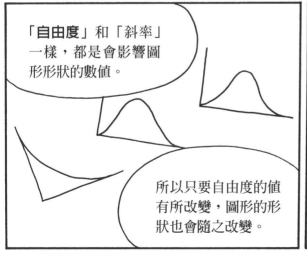

「自由度」和「斜率」一樣，都是會影響圖形形狀的數值。

所以只要自由度的值有所改變，圖形的形狀也會隨之改變。

原來如此。這就是自由度呀？

是的。就只是這樣而已。

就像標準常態分配有標準常態分配表一樣，

卡方分配也有卡方分配表。

所謂的卡方分配表，

就是記錄了對應這個部分的機率（＝面積＝比例）P 的橫軸刻度 χ^2 之值的表。

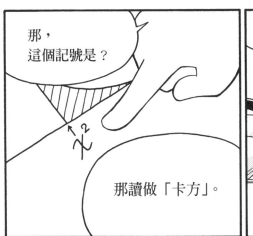

那，
這個記號是？

χ^2

那讀做「卡方」。

哦！

那麼看一下
這張表。

卡方分配表

自由度 ＼ P	0.995	0.99	0.975	0.95	0.05	0.025	0.01	0.005
1	0.000039	0.0002	0.0010	0.0039	3.8415	5.0239	6.6349	7.8794
2	0.0100	0.0201	0.0506	0.1026	5.9915	7.3778	9.2104	10.5965
3	0.0717	0.1148	0.2158	0.3518	7.8147	9.3484	11.3449	12.8381
4	0.2070	0.2971	0.4844	0.7107	9.4877	11.1433	13.2767	14.8602
5	0.4118	0.5543	0.8312	1.1455	11.0705	12.8325	15.0863	16.7496
6	0.6757	0.8721	1.2373	1.6354	12.5916	14.4494	16.8119	18.5475
7	0.9893	1.2390	1.6899	2.1673	14.0671	16.0128	18.4753	20.2777
8	1.3444	1.6465	2.1797	2.7326	15.5073	17.5345	20.0902	21.9549
9	1.7349	2.0879	2.7004	3.3251	16.9190	19.0228	21.6660	23.5893
10	2.1558	2.5582	3.2470	3.9403	18.3070	20.4832	23.2093	25.1881
:	:	:	:	:	:	:	:	:

跟標準常態分配
表很類似耶！

雖然很像，但還
是有點不同哦！

標準常態分配表為
記錄對應橫軸的刻
度之機率的表，

欲求出的是
機率
＝面積
（＝比例）

卡方分配表則是
記錄對應機率之
橫軸刻度的表。

在此
欲求出的
是這個！

χ^2

一個頭變兩
個大了啦！

唉呀！
先別著急嘛！

請想一下，
自由度為1，
P 為0.05時的
χ^2 的值。

	0.99		0.975		0.95		0.05		0.025		0.01
0002		0.0010		0.0039		3.8415		5.0239		6.6349	
201	0.0506		0.2158		0.1026			7.3778		9.2104	
148		0.5543		0.4844		0.3518		915	9.3484		11.3449	
2971	0.9893	0.8721		0.8312		0.71	8147	11.1433		
	1.344	1.2390		1.2373	1.6899	1.14	4877	12.83		
						2.16	05	14.4		
						2.7		16.0		
								17.53		
								19.0228		

1的行和
0.05的列的交叉處
的值，所以……

就是3.8415。

今天用到的表格就送給琉衣，請記得用來複習哦！

好的。
謝謝……

那麼今天的課程就到此為止。

嘿

辛苦你了……

叮鈴～

原來他中獎了啊！
我看到了……

呵呵呵呵…

❀ 5. t分配 ❀

統計學上，以下的機率密度函數是經常出現的主題。

$$f(x) = \frac{\int_0^\infty x^{\frac{\text{自由度}+1}{2}-1}e^{-x}dx}{\sqrt{\text{自由度}\times\pi}\times\int_0^\infty x^{\frac{\text{自由度}}{2}-1}e^{-x}dx} \times \left(1+\frac{x^2}{\text{自由度}}\right)^{-\frac{\text{自由度}+1}{2}}$$

x的機率密度函數若如同上述，在統計學上則以「**x遵守自由度為◯◯的 t分配**」來表示。

■**自由度為5的情況**

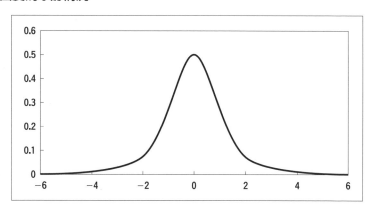

❀ 6. F分配 ❀

統計學上，以下的機率密度函數也是經常出現的主題。

$$f(x) = \begin{cases} x>0時 & \dfrac{\left(\int_0^\infty x^{\frac{\text{第1自由度}+\text{第2自由度}}{2}-1}e^{-x}dx\right)\times(\text{第1自由度})^{\frac{\text{第1自由度}}{2}}\times(\text{第2自由度})^{\frac{\text{第2自由度}}{2}}}{\left(\int_0^\infty x^{\frac{\text{第1自由度}}{2}-1}e^{-x}dx\right)\times\left(\int_0^\infty x^{\frac{\text{第2自由度}}{2}-1}e^{-x}dx\right)} \times \dfrac{x^{\frac{\text{第1自由度}}{2}-1}}{(\text{第1自由度}\times x+\text{第2自由度})^{\frac{\text{第1自由度}+\text{第2自由度}}{2}}} \\ \text{上述以外的情況為 0} \end{cases}$$

x的機率密度函數若如同上述，在統計學上則以「**x遵守自由度為◯◯，第2自由度為XX的 F分配**」來表現。

■第1自由度為10，第2自由度為5的情況

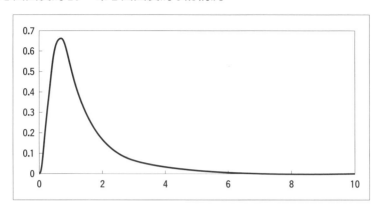

❀ 7.「XX分配」和EXCEL ❀

不使用標準常態分配表及卡方分配表來計算機率及橫軸的刻度，在電腦尚未普及之前(※約是1990年代初期)，這些計算對個人而言是相當浩大的工程。因此，這些分配表實在是相當重要的寶物。然而，現今已經不太使用分配表了。這是由於利用EXCEL的函數，便可求出與分配表相同的值，不僅如此，比起分配表，EXCEL還可以求出更多種類的值。

我將與「XX分配」相關的函數總整理如下表。

表5.1　與「XX分配」相關的函數

分配	函數	函數的特徵
常態分配*	NORMDIST	可計算對應橫軸刻度的機率。
常態分配	NORMINV	可計算對應機率的橫軸刻度。
標準常態分配	NORMSDIST	可計算對應橫軸刻度的機率。
標準常態分配	NORMSINV	可計算對應機率的橫軸刻度。
卡方分配	CHIDIST	可計算對應橫軸刻度的機率。
卡方分配	CHIINV	可計算對應機率的橫軸刻度。
t分配	TDIST	可計算對應橫軸刻度的機率。
t分配	TINV	可計算對應機率的橫軸刻度。
F分配	FDIST	可計算對應橫軸刻度的機率。
F分配	FINV	可計算對應機率的橫軸刻度。

*常態分配：由於常態分配的機率密度函數受到平均數和標準差的影響。因此即使想做出「常態分配表」也是不可能的。然而，利用EXCEL來求出與「常態分配表」相當的值卻非常便利。

例題和解答

(1) 請利用 93 頁的標準常態分配表求出下圖斜線部分的機率。

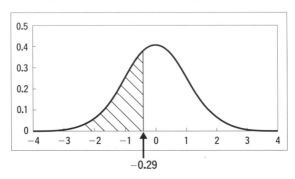

-0.29

(2) 請利用 103 頁的卡方分配表求出自由度為 2，P 為 0.05 時的 χ^2 的值。

解答

(1) 必須求出的機率，和下圖斜線部分的機率相同。

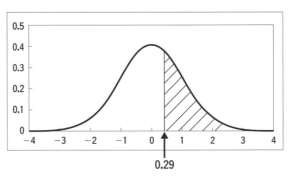

0.29

欲求出 $z = 0.29 = 0.2 + 0.09$ 的情況下之機率，可從標準常態分配表得知，是 0.1141。因此，必須求出的機率為 $0.5 - 0.1141 = 0.3859$。

(2) 根據卡方分配表，必須求出的 χ^2 的值，其值為 5.9915。

- 代表性的機率密度函數，可舉出與下列對應者：
  - 常態分配
  - 標準常態分配
  - 卡方分配
  - t 分配
  - F 分配

- 機率密度函數的圖形和橫軸所圍成的面積為 1。
- 機率密度函數的圖形和橫軸所圍成的面積，可視為與比例及機率相同。
- 若利用「XX 分配表」或 Excel 的函數，則可求出，
  - 對應橫軸刻度的機率
  - 對應機率的橫軸刻度

◆第6章◆

調查2變數的關聯

都是這個人的形象太強烈了啦！

妳有在聽嗎？

啊……我在聽呀！

例如，「是否身高越高，體重就越重」，或是「是否隨著年齡不同，喜歡的啤酒品牌也不同」，以及

「是否居住地不同，支持的政黨也會不同」……等。

啊，謝謝。

「吵架後會不會肚子餓」等。

的確有這首歌呢。

那麼，

拿出來了。

嗒

113

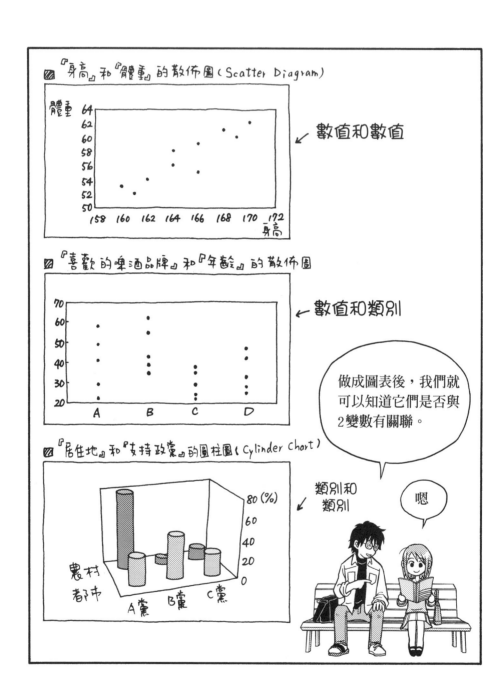

但是！關聯性究竟有多高呢！

很可惜！我們無法確切得知關聯的程度。

那麼該怎麼辦呢？

哦─

通常我們會結合圖形，然後求出用來表示2變數關聯程度的指標值。

那麼……

P.girls

特集！時下女孩的問卷調查

用在流行裝扮的費用？

效果卓越超人氣品牌

像這樣的內容也能用統計來分析嗎？

啊！這個內容還真適合呢！

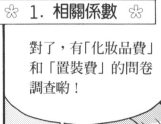

❀ 1. 相關係數 ❀

對了，有「化妝品費」
和「置裝費」的問卷
調查啦！

是數值和
數值

街頭調查

詢問10名20多歲女性

1個月的「化妝品費」和「置裝費」

	化妝品費(日元)	置裝費(日元)
A 小姐	3000	7000
B 小姐	5000	8000
C 小姐	12000	25000
D 小姐	2000	5000
E 小姐	7000	12000
F 小姐	15000	30000
G 小姐	5000	10000
H 小姐	6000	15000
I 小姐	8000	20000
J 小姐	10000	18000

首先，試著畫
成圖表吧！

好的。

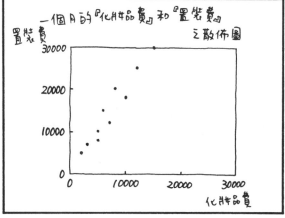

哦！看來似乎花較多錢
在化妝品上的人也會花
較多的錢買衣服呢！

那麼，我們試
著求出關聯的
「程度」吧！

	指標	值的範圍	計算式
數值資料 和 數值資料	相關係數[*1]	−1~1	$\dfrac{x\text{ 和 }y\text{ 的共變數}^{*2}}{\sqrt{x\text{ 的變異數}^{*3} \times y\text{ 的變異數}}} = \dfrac{Sxy}{\sqrt{Sxx \times Syy}}$
數值資料 和 類別資料	相關比	0~1	$\dfrac{\text{組間變異}}{\text{組內變異 + 組間變異}}$
類別資料 和 類別資料	克拉瑪相關係數	0~1	$\sqrt{\dfrac{\chi_0^2}{\text{資料的筆數} \times (\min\{\text{交叉資料表的行數, 交叉資料表的列數}\}-1)}}$

隨著資料種類的不同，指標也不同哦！

哦。

「化妝品費」和「置裝費」為「相關係數」。

$\dfrac{x\text{ 和 }y\text{ 的共變數}}{\sqrt{x\text{ 的變異數} \times y\text{ 的變異數}}} = \dfrac{Sxy}{\sqrt{Sxx \times Syy}}$

因為是數值和數值

好的

那就來慢慢算算看吧！

那麼就開始吧

呀—

1個月的「化妝品費」和「置裝費」之相關係數計算過程

	化妝品費	置裝費					
	x	y	$x-\bar{x}$	$y-\bar{y}$	$(x-\bar{x})^2$	$(y-\bar{y})^2$	$(x-\bar{x})(y-\bar{y})$
A 小姐	3000	7000	−4300	−8000	18490000	64000000	34400000
B 小姐	5000	8000	−2300	−7000	5290000	49000000	16100000
C 小姐	12000	25000	4700	10000	22090000	100000000	47000000
D 小姐	2000	5000	−5300	−10000	28090000	100000000	53000000
E 小姐	7000	12000	−300	−3000	90000	9000000	900000
F 小姐	15000	30000	7700	15000	59290000	225000000	115500000
G 小姐	5000	10000	−2300	−5000	5290000	25000000	11500000
H 小姐	6000	15000	−1300	0	1690000	0	0
I 小姐	8000	20000	700	5000	490000	25000000	3500000
J 小姐	10000	18000	2700	3000	7290000	9000000	8100000
合計	73000	150000	0	0	148100000	606000000	290000000
平均數	7300	15000			↓	↓	↓
	↓	↓			Sxx	Syy	Sxy
	$\bar{x}$	$\bar{y}$					

*1相關係數：Correlation Coefficient。

*2共變數：Covariance。

*3變異數：Variance。

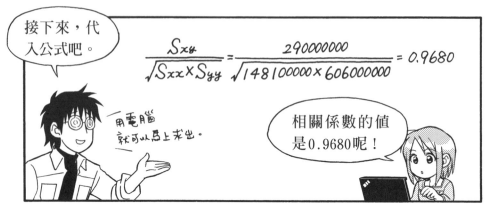

接下來，代入公式吧。

$$\frac{S_{xy}}{\sqrt{S_{xx} \times S_{yy}}} = \frac{290000000}{\sqrt{148100000 \times 606000000}} = 0.9680$$

用電腦就可以馬上求出。

相關係數的值是0.9680呢！

而且，若2變數的關聯性越強，則相關係數就會越接近±1。

如果關聯性越弱，相關係數則會越接近0。

-1 ← 0 → +1

嗯。

由於這個結果相當接近1，所以「化妝品費」和「置裝費」的關聯性非常強。

是呀。

那什麼情況下會接近-1呢？

「化粧品費」越高，而「置裝費」越低的情況。

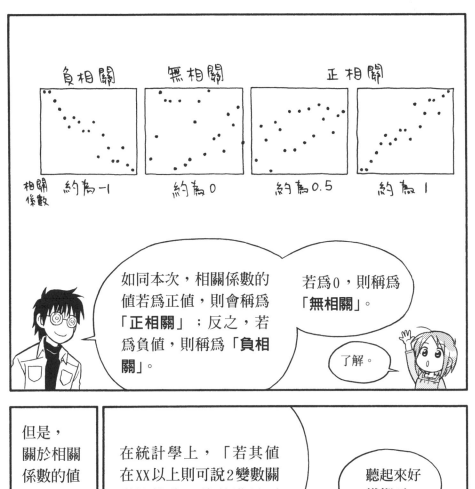

相關係數值之意義

相關係數的絕對值		若細分……	若大略上劃分……
1.0～0.9	$\Rightarrow$	相關性非常強	
0.9～0.7	$\Rightarrow$	相關性有點強	相關
0.7～0.5	$\Rightarrow$	相關性有點弱	
未滿0.5	$\Rightarrow$	相關性非常弱	不相關

那就或多或少參考一下相關係數值的意義吧！

哦哦！

注意要點

之前說過，相關係數為表示數值資料與數值資料的關聯程度的指標。不過，嚴格說來並非如此。相關係數為清楚表示數值資料與數值資料之間是否具有「直線性」關聯的指標。

不適用於相關係數的例子

相關係數＝－0.0825

如同左圖所示，可看出此兩變數具有明確的相關性。然而，由於其關聯性為「曲線」的狀態，因此相關係數的值趨近於0。

我們來看看還有什麼……

有「年齡」和「喜歡的服裝品牌」的問卷調查耶！

數值和類別

P-girls

特集！時下女孩的問卷調查。

	年齡	品牌
在五本木之丘所做的調查		
「年齡」和「喜歡的服裝品牌」		
A 小姐	27	Termes
B 小姐	33	Chanellio
C 小姐	16	Burpurry
D 小姐	29	Burpurry
E 小姐	32	Chanellio
F 小姐	23	Termes
G 小姐	25	Chanellio
H 小姐	28	Termes
I 小姐	22	Burpurry
J 小姐	18	Burpurry
K 小姐	26	Chanellio
L 小姐	26	Termes
M 小姐	15	Burpurry
N 小姐	29	Chanellio
O 小姐	26	Burpurry

數值資料和類別資料是用「相關比[*]」啊……而其值介於0和1之間。

這個指標也是越接近1，關聯性越強嗎？

是呀。

*相關比：Correlation Ratio。

121

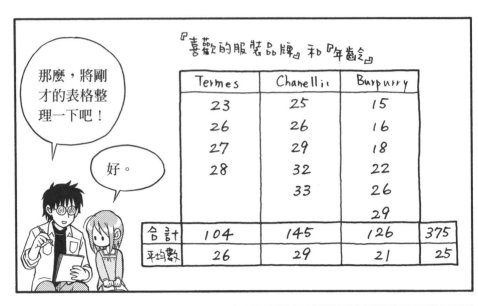

『喜歡的服裝品牌』和『年齡』

	Termes	Chanellii	Burpurry	
	23	25	15	
	26	26	16	
	27	29	18	
	28	32	22	
		33	26	
			29	
合計	104	145	126	375
平均數	26	29	21	25

那麼，將剛才的表格整理一下吧！

好。

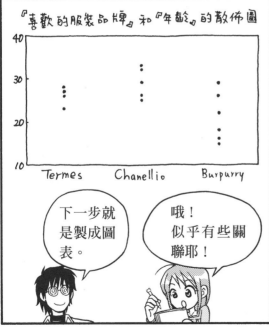

『喜歡的服裝品牌』和『年齡』的散佈圖

下一步就是製成圖表。

哦！似乎有些關聯耶！

那麼，就來實際地求出相關比的值吧！

好！

相關比的值，只要依照以下的Step1到Step4的計算，就可以求出。

Step1

進行如下表的計算。

(Termes−Termes的平均數)²	(Chanellio−Chanellio的平均數)²	(Burpurry−Burpurry的平均數)²
$(23-26)^2=(-3)^2=9$	$(25-29)^2=(-4)^2=16$	$(15-21)^2=(-6)^2=36$
$(26-26)^2=0^2=0$	$(26-29)^2=(-3)^2=9$	$(16-21)^2=(-5)^2=25$
$(27-26)^2=1^2=1$	$(29-29)^2=0^2=0$	$(18-21)^2=(-3)^2=9$
$(28-26)^2=2^2=4$	$(32-29)^2=3^2=9$	$(22-21)^2=1^2=1$
	$(33-29)^2=4^2=16$	$(26-21)^2=5^2=25$
		$(29-21)^2=8^2=64$

合計	14	50	160
	↓	↓	↓
	S_{TT}	S_{CC}	S_{BB}

Step2

求出組內變異，也就是$S_{TT}+S_{CC}+S_{BB}$。

$$S_{TT}+S_{CC}+S_{BB}=14+50+160=224$$

Step3

組間變異，也就是求出，

（Termes的資料筆數）×（Termes的平均數－全體平均數）^{2}
＋（Chanellio的資料筆數）×（Chanellio的平均數－全體平均數）^{2}
＋（Burpurry的資料筆數）×（Burpurry的平均數－全體平均數）^{2}

$$4\times(26-25)^2+5\times(29-25)^2+6\times(21-25)^2$$
$$=4\times1+5\times16+6\times16$$
$$=4\times80+96$$
$$=180$$

Step4

相關比的值，也就是求出 $\dfrac{\text{組間變異}}{\text{組內變異}+\text{組間變異}}$

$$\dfrac{180}{224+180}=\dfrac{180}{404}=0.4455$$

「年齡」和「喜歡的服裝品牌」
相關比的值為……

如同先前所述，相關比的值之範圍，介於0和1之間。2變數的關聯性越強，則此值就會越接近1，反之，則會越接近0。詳細內容請參照下圖。

「喜歡的服裝品牌」和「年齡」的散佈圖（相關比的值為1）

相關比的值為1 ⟺ 各組所含的資料相同 ⟺ 組內變異為0

「喜歡的服裝品牌」和「年齡」的散佈圖（相關比的值為0）

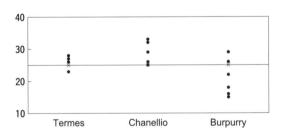

相關比的值為0 ⟺ 各組的平均數相同 ⟺ 組間變異為0

「相關比的值在 XX 以上，則可說 2 變數關聯性強」這類的基準，在統計學上是不存在的。
請參考下列相關比的值之意義。

相關比的值之意義

相關比的值		若細分……	若大略上劃分……
1.0～0.8	⇒	相關性非常強	
0.8～0.5	⇒	相關性有點強	相關
0.5～0.25	⇒	相關性有點弱	
未滿0.25	⇒	相關性非常弱	不相關

那麼，由於本次的結果是 0.4455，因此意思是「相關性有點弱」。

❀ 3. 克拉瑪相關係數 ❀

接下來，
如果有可以說明關於類別資料的例子就好了。

嗯～～

啪啦 啪啦 啪啦

啊！這個如何？

你希望對方用什麼樣的方式向你告白？

「詢問高中生 300 人！你希望對方用什麼樣的方式向你告白？」

給我看看……
告白的方法有
「打電話」、
「傳簡訊」、
「當面」。

話說回來，女性雜誌
還真是會做一些奇妙
的問卷調查耶……

要你管！

『性別』和『希望的告白方法』的交叉資料表

		希望的告白方法			合計
		打電話	傳簡訊	當面	
性別	女性	34	61	53	148
	男性	38	40	74	152
	合計	72	101	127	300

希望當面被告白的男性回答者，
在152人中佔了74人。

『性別』和『希望的告白方法』的交叉資料表

		希望的告白方法			合計
		打電話	傳簡訊	當面	
性別	女性	23	41	36	100
	男性	25	26	49	100
	全體	24	34	42	100

希望當面被告白的男性回答者，
在152人中，佔了 $\frac{74}{152} \times 100 = 49$（％）。

像這類
綜合了2變數
的表，稱為
交叉資料表。

嗯……
相較於女生比較希望
以「傳簡訊告白」，

男生大多希望
「當面被告白」
耶……

琉衣，妳有在聽嗎？

啊！有呀！

換句話說，「性別」和「希望的告白方法」是有相關的。

女生和男生希望的告白方式確實有一些差異呢！

所以向五十嵐先生告白的話，也是當面說比較好囉……

自言自語

我知道！是「克拉瑪相關係數」！

表示類別資料和類別資料之間相關程度的指標為？

嗯……我能了解哦——

後悔

你可以開口罵我……

「克拉瑪相關係數*」也可稱為「克拉瑪的關聯係數」、「克拉瑪V」或「獨立係數」。

我頭又開始昏了～～～

＊克拉瑪相關係數：Cramer's V。

克拉瑪相關係數的值，可用下列Step1到Step5的計算方式來求出。

Step1

準備交叉資料表。此外，粗框內的各個數值，稱爲觀察次數[1]。

		希望的告白方法			合計
		打電話	傳簡訊	當面	
性別	女性	34	61	53	148
	男性	38	40	74	152
合計		72	101	127	300

Step2

進行下表的計算。此外，粗框內的各個數值，稱爲期望次數[2]。

		希望的告白方法			合計
		打電話	傳簡訊	當面	
性別	女性	$\dfrac{148\times72}{300}$	$\dfrac{148\times101}{300}$	$\dfrac{148\times127}{300}$	148
	男性	$\dfrac{152\times72}{300}$	$\dfrac{152\times101}{300}$	$\dfrac{152\times127}{300}$	152
合計		72	101	127	300

$$\frac{\text{「男性」的合計}\times\text{「當面」的合計}}{\text{資料筆數}}$$ [1]

---

[1]觀察次數：Observed Frequency。

[2]期望次數：Expected Frequency。

如果「性別」和「希望的告白方法」完全不相關，則
打電話：傳簡訊：當面 的比值，無論是女性或男性
都會根據Step2表中的「合計」得出以下比例：

$$72：101：127 = \frac{72}{72+101+127}：\frac{101}{72+101+127}：\frac{127}{72+101+127}$$

$$= \frac{72}{300}：\frac{101}{300}：\frac{127}{300}$$

換句話說，表示當「性別」與「希望的告白方法」完
全不相關時的「希望當面被告白的男性人數」。為

$$152 \times \frac{127}{300} = \frac{152 \times 127}{300}$$

Step3

每筆數值以 $\frac{(\text{觀察次數}-\text{期望次數})^2}{\text{期望次數}}$ 來計算。

		希望的告白方法			合計
		打電話	傳簡訊	當面	
性別	女性	$\dfrac{\left(34-\dfrac{148 \times 72}{300}\right)^2}{\dfrac{148 \times 72}{300}}$	$\dfrac{\left(61-\dfrac{148 \times 101}{300}\right)^2}{\dfrac{148 \times 101}{300}}$	$\dfrac{\left(53-\dfrac{148 \times 127}{300}\right)^2}{\dfrac{148 \times 127}{300}}$	148
	男性	$\dfrac{\left(38-\dfrac{152 \times 72}{300}\right)^2}{\dfrac{152 \times 72}{300}}$	$\dfrac{\left(40-\dfrac{152 \times 101}{300}\right)^2}{\dfrac{152 \times 101}{300}}$	$\dfrac{\left(74-\dfrac{152 \times 127}{300}\right)^2}{\dfrac{152 \times 127}{300}}$	152
合計		72	101	127	300

觀察次數和期望次數的差異越大，意即「性別」
和「希望的告白方法」越有關聯，則粗框內的各數
值也會越大。

　求出Step3的表中粗框內的值之總和，意即皮爾森的卡方統計量之值。此外，皮爾森的卡方統計量，以下用「χ_0^2」來表示。

$$\chi_0^2 = \frac{\left(34 - \dfrac{148 \times 72}{300}\right)^2}{\dfrac{148 \times 72}{300}} + \frac{\left(61 - \dfrac{148 \times 101}{300}\right)^2}{\dfrac{148 \times 101}{300}} + \frac{\left(53 - \dfrac{148 \times 127}{300}\right)^2}{\dfrac{148 \times 127}{300}}$$

$$+ \frac{\left(38 - \dfrac{152 \times 72}{300}\right)^2}{\dfrac{152 \times 72}{300}} + \frac{\left(40 - \dfrac{152 \times 101}{300}\right)^2}{\dfrac{152 \times 101}{300}} + \frac{\left(74 - \dfrac{152 \times 127}{300}\right)^2}{\dfrac{152 \times 127}{300}}$$

$$= 8.0091$$

　如同Step3中的清楚說明，觀察次數和期望次數的差異越大，意即「性別」和「希望的告白方法」越有關聯，則皮爾森的卡方統計量 χ_0^2 也會越大。

Step5

求出克拉瑪相關係數的值，即

$$\sqrt{\frac{\chi_0^2}{\text{資料筆數} \times (\min\{\text{交叉資料表的行數，交叉資料表的列數}\} - 1)}}$$

此外，$\min\{a, b\}$爲表示a和b中較小的值之記號。

$$\sqrt{\frac{8.0091}{300 \times (\min\{2, 3\} - 1)}} = \sqrt{\frac{8.0091}{300 \times (2-1)}} = \sqrt{\frac{8.0091}{300}} = 0.1634$$

因此，克拉瑪相關係數的值爲0.1634。

哦……

1個人根本沒辦法計算嘛……

一個人也沒問題的！計算確實很繁瑣，但如果照程序來做，一定可以算出來的。

如果還有不懂的地方，來問我就可以了喔。

！

敬馬！

啊？ 撇頭

怎麼了呀？

沒事。

剎那間，把山本老師看成帥哥了。

先前談過的，克拉瑪相關係數的值介於0和1之間。2變數的關聯性越強，則此值就會越接近1，反之，則會越接近0。詳細情形請參照下列的交叉資料表（橫列％）

「性別」和「希望的告白方法」的交叉資料表（橫列％）

（克拉瑪相關係數為1）

		希望的告白方法			合計
		打電話	傳簡訊	直接見面	
性	女性	17	83	0	100
別	男性	0	0	100	100

克拉瑪相關係數的值為1 ⟺ 女性和男性的喜好完全不同

「性別」和「希望的告白方法」的交叉資料表（橫列％）

（克拉瑪相關係數為0）

		希望的告白方法			合計
		打電話	傳簡訊	直接見面	
性	女性	17	48	35	100
別	男性	17	48	35	100

克拉瑪相關係數的值為0 ⟺ 女性和男性的喜好完全相同

「若克拉瑪相關係數的值在xx以上，則可說2變數的關聯性較強」，在統計學上並不存在這個基準。請參考下列為克拉瑪相關係數的值之意義。

克拉瑪相關係數的值之意義

克拉瑪相關係數的值		若細分……	若大略上劃分……
1.0～0.8	⇒	相關性非常強	
0.8～0.5	⇒	相關性有點強	相關
0.5～0.25	⇒	相關性有點弱	
未滿0.25	⇒	相關性非常弱	不相關

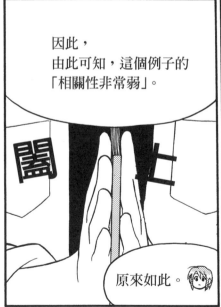

因此，
由此可知，這個例子的
「相關性非常弱」。

原來如此。

那麼，今天的課程
就到此為止。

好的。

今天，最後談到了克拉瑪相關係數，而下一次會利用這個來學習「獨立性檢定*」。

獨立性檢定

獨立性檢定是經常用於問卷調查分析結果的工具。

只是學會它，就可以說你已經習得統計學的基礎了。

所以下次是最後一堂課了嗎？

也可以這麼說！

是哦！

*獨立性檢定：Test of Independence。

例題

　經營家庭餐館的 A 公司，最近經營得並不順利。因此必須用心傾聽顧客的聲音，所以針對「居住於日本的 20 歲以上居民」以隨機抽樣做了問卷調查。結果如下表所示。

		你在家庭餐館常點餐的料理種類是？		哪一種比較好？若附免費的餐後飲料，咖啡和紅茶	
回答者1	‥	中式料理	‥	咖啡	‥
回答者2	‥	西式料理	‥	咖啡	‥
：	‥	：	‥	：	‥
回答者250	‥	日式料理	‥	紅茶	‥

用上表做成的交叉資料表如下所示。

		咖啡和紅茶哪一種比較好？		合計
		咖啡	紅茶	
常點餐的料理種類	日式料理	43	33	76
	西式料理	51	53	104
	中式料理	29	41	70
合計		123	127	250

　請求出「在家庭餐館常點餐的料理種類是？」和「若附免費的餐後飲料，咖啡和紅茶哪一種比較好？」的克拉瑪相關係數值。

Step1

準備交叉資料表。

		咖啡和紅茶哪一種比較好？		合計
		咖啡	紅茶	
常點餐的 料理種類	日式料理	43	33	76
	西式料理	51	53	104
	中式料理	29	41	70
合計		123	127	250

Step2

求出期望次數。

		咖啡和紅茶哪一種比較好？		合計
		咖啡	紅茶	
常點餐的 料理種類	日式料理	$\dfrac{76\times123}{250}$	$\dfrac{76\times127}{250}$	76
	西式料理	$\dfrac{104\times123}{250}$	$\dfrac{104\times127}{250}$	104
	中式料理	$\dfrac{70\times123}{250}$	$\dfrac{70\times127}{250}$	70
合計		123	127	250

計算出各個表格裡的 $\dfrac{(觀察次度-期望次數)^2}{期望次數}$。

		咖啡和紅茶哪一種比較好？		合計
		咖啡	紅茶	
常點餐的料理種類	日式料理	$\dfrac{\left(43-\dfrac{76\times123}{250}\right)^2}{\dfrac{76\times123}{250}}$	$\dfrac{\left(33-\dfrac{76\times127}{250}\right)^2}{\dfrac{76\times127}{250}}$	76
	西式料理	$\dfrac{\left(51-\dfrac{104\times123}{250}\right)^2}{\dfrac{104\times123}{250}}$	$\dfrac{\left(53-\dfrac{104\times127}{250}\right)^2}{\dfrac{104\times127}{250}}$	104
	中式料理	$\dfrac{\left(29-\dfrac{70\times123}{250}\right)^2}{\dfrac{70\times123}{250}}$	$\dfrac{\left(41-\dfrac{70\times127}{250}\right)^2}{\dfrac{70\times127}{250}}$	70
合計		123	127	250

求出 Step3 的表中粗框內的值之總和，意即皮爾森的卡方統計量 χ_0^2 之值

$$\chi_0^2 = \frac{\left(43 - \dfrac{76 \times 123}{250}\right)^2}{\dfrac{76 \times 123}{250}} + \frac{\left(33 - \dfrac{76 \times 127}{250}\right)^2}{\dfrac{76 \times 127}{250}}$$

$$+ \frac{\left(51 - \dfrac{104 \times 123}{250}\right)^2}{\dfrac{104 \times 123}{250}} + \frac{\left(53 - \dfrac{104 \times 127}{250}\right)^2}{\dfrac{104 \times 127}{250}}$$

$$+ \frac{\left(29 - \dfrac{70 \times 123}{250}\right)^2}{\dfrac{70 \times 123}{250}} + \frac{\left(41 - \dfrac{70 \times 127}{250}\right)^2}{\dfrac{70 \times 127}{250}}$$

$$= 3.3483$$

求出克拉瑪相關係數的值，即

$$\sqrt{\frac{\chi_0^2}{\text{資料筆數} \times (\min\{\text{交叉資料表的行數，交叉資料表的列數}\} - 1)}}$$

$$\sqrt{\frac{3.3483}{250 \times (\min\{3, 2\} - 1)}} = \sqrt{\frac{3.3483}{250 \times (2 - 1)}} = \sqrt{\frac{3.3483}{250}} = 0.1157$$

- 相關係數為表示數值資料和數值資料的關聯程度之指標。
- 相關比為表示數值資料和類別資料的關聯程度之指標。
- 克拉瑪相關係數（※也可稱做克拉瑪關聯係數或克拉瑪 V）為表示類別資料和類別資料的相關程度之指標。
- 相關係數、相關比和克拉瑪相關係數的特徵如下表所示。

	最小值	最大值	2變數 完全 不相關時 的值	2變數 相關性 最強時 的值
相關係數	−1	1	0	−1或1
相關比	0	1	0	1
克拉瑪相關係數	0	1	0	1

- 相關係數、相關比和克拉瑪相關係數中，在統計學上，並無「其值若在××以上時，則2變數的關聯性較強」的基準。

◆第7章◆

深入理解獨立性檢定

嗯……
上次的課程中，我們學了克拉瑪相關係數，對吧！

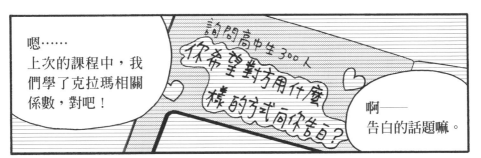

詢問高中生300人

你希望對方用什麼樣的方式向你告白？

啊——
告白的話題嘛。

那個例子的克拉瑪相關係數值是0.1634。

結論是——
「相關性非常弱」。

是呀。

那麼，請妳仔細想想。

那份問卷調查是從「居住於日本的全體高中生」中隨機抽樣的結果，

只不過是300人的資料所得的推論結果。

如果再抽樣調查另外的300人，

克拉瑪相關係數的值應該絕對不會是0.1634吧！

這麼說來，的確是這樣……

145

妳認爲原始的母體——
——「居住於日本的全體高中生」的克拉瑪相關係數是多少呢？

嗯⋯⋯
不曉得耶！

沒錯。
如果沒有收集到「居住於日本的全體高中生」的資料的話，

很抱歉！任何人都無從得知。

是呀。

因此，
我們只能

不僅限於那個例子，一般而言我們是不可能知道母體的克拉瑪相關係數的值。

對於母體的克拉瑪相關係數做出，……

「因為從隨機抽出300人的資料中，所推論出的克拉瑪相關係數為0.1634，

所以母體的克拉瑪相關係數大約為這個數值。」

0.1634

也只能這樣寬容又主觀的判斷了。

相當的模糊呢……

不過利用統計學，或許可以做些什麼吧？

靈機一動

不。即使運用統計學，很可惜地，我們還是無法嚴謹的得知克拉瑪相關係數的值。

啊，是這樣嗎？

但是，
「母體的克拉瑪相關係數的值——

究竟是否爲0」
是可以知道的！

這很屬害嗎？

究竟是否為0。

那當然囉！因爲可以得到客觀的母體資訊呀！

那麼，該怎麼做呢？

只要使用之前提過的名爲「獨立性檢定」的分析方法。

是類似英檢的東西嗎？

哈哈……不！完全不同喔！

獨立性檢定是統計學上總稱爲「檢定」的分析方法之一。

獨立性檢定

檢定

相關比檢定　母體平均數差檢定

母體比例差檢定

無相關檢定

首先就什麼是「檢定」做說明吧！

好的。

所謂的「檢定」指的是，從樣本的資料推測分析者對於母體，所設立的假設是否正確的分析方法！

「檢定」這個名詞，正確說來，應該稱為「統計的假說檢定」。

b阿！
琉衣對
這個詞的
意思比較
清楚。

「檢定」有許多種類哦！

「檢定」的實例	
名稱	可使用的情況之實例
獨立性檢定	推測母體中，「性別」和「希望的告白方法」的克拉瑪相關係數之值是否為0。
相關比檢定	推測母體中，「喜歡的服裝品牌」和「年齡」的相關比之值是否為0。
無相關檢定	推測母體中，「1個月使用的化妝品費用」和「1個月使用的置裝費」的相關係數之值是否為0。
母體平均數差檢定	推測東京都的女高中生和大阪府的女高中生「每月的零用錢」是否不同。　　　※注意，這個例子中設定了兩個母體。
母體比例差檢定	推測居住於都市的有選舉權者和居住於農村的有選舉權者中，對「xx內閣的支持率」是否不同。　　※注意，這個例子中設定了兩個母體。

「檢定」的種類雖然有很多種，但分析的程序是一樣的。

原來如此。

「檢定」的程序
【Step1】定義母體。
【Step2】建立虛無假說[*1]和對立假說[*2]。
【Step3】選擇要進行的「檢定」種類。
【Step4】決定信心水準[*3]。
【Step5】從樣本資料求出檢定統計量的值。
【Step6】調查【Step5】所求出的檢定統計量值，是否在拒絕域[*4]之中。
【Step7】若【Step6】的檢定統計量值在拒絕域之中，則結論為「對立假說正確」。反之，則結論為「無法判定虛無假說為誤」。

全是看不懂的文字！

哈 哈 哈

待會再好好向妳解說。

[*1]虛無假說：Null Hypothesis。　　　[*3]信心水準：Confidence level。
[*2]對立假說：Alternative Hypothesis。　[*4]拒絕域：Rejection Region。

那麼，開始來說明今天的主題「獨立性檢定」。

所謂的「獨立性檢定」指的是，推測「母體的克拉瑪相關係數的值究竟是否爲0」的分析方法。

了解。

換句話說，就是推測「交叉資料表中2變數是否相關」的分析方法。

原來如此，那就是問卷調查分析囉！

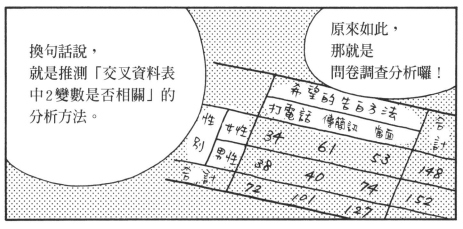

性別		希望的告白方法			合計
		打電話	傳簡訊	當面	
	女性	34	61	53	148
	男性	38	40	74	152
合計		72	101	127	

獨立性檢定也可稱爲「卡方檢定」哦！

又來了！真麻煩！

在開始解說獨立性檢定的實例前，先為各位解說獨立性檢定基礎的重要事實。雖然現實上是不可能成立的，但我們假設以下的實驗已經完成。

Step1

從母體「居住於日本的全體高中生」中隨機抽查300人。

母體　　　　　　　　　抽出

樣本

居住於日本的全體高中生　　　　300人

Step2

對Step1中抽出的300人進行127頁的問卷調查，以求出皮爾森卡方統計量 χ_0^2。

Step3

將隨機抽出的300人送回母體。

Step4

持續重覆Step1～Step3。

如此一來，若做為母體的「居住於日本的全體高中生」中，其克拉瑪相關係數為0，則實驗中的皮爾森卡方統計量 χ_0^2 之圖形為自由度2的卡方分配。換句話說，若做為母體的「居住於日本的全體高中生」中，克拉瑪相關係數為0，則「實驗中的皮爾森卡方統計量 χ_0^2」遵守自由度為2的卡方分配。

※皮爾森的卡方統計量 χ_0^2 的算法，請參照130～133頁。

※自由度為2的卡方分配，請參照100頁。

試著實際進行實驗。然而，在執行實驗時，我們設定了以下的限制。

- 由於眞正以「居住於日本的全體高中生」爲對象的實驗是不可能實現的，因此將表7.1中記載的1萬人的集合，解釋爲「居住於日本的全體高中生」。
- 將「居住於日本的全體高中生」中的克拉瑪相關係數設爲0。意即，女性和男性在「想在電話中被告白：想在簡訊中被告白：想當面被告白」的比例是相等的。（※請參照135頁）。實際將表7.1的交叉資料表做成表7.2。
- 由於實驗永無止境，因此重覆Step1～Step3的步驟20000次後就結束。

表7.1　希望的告白方法（居住於日本的全體高中生）

	性別	希望的告白方法
1	女	當面
2	女	打電話
:	:	:
10000	男	傳簡訊

表7.2　「性別」和「希望的告白方法」之交叉資料表。

		希望的告白方法			合計
		打電話	傳簡訊	當面	
性	女性	400	1600	2000	4000
別	男性	600	2400	3000	6000
合計		1000	4000	5000	10000

實驗結果的記錄如表7.3。圖7.1是以表7.3為基準所繪出之直方圖。

表7.3 實驗結果

	皮爾森卡方統計量 χ_0^2
第1次	0.8598
第2次	0.7557
:	:
第20000次	2.7953

圖7.1 以表7.3為基準之直方圖（組距為1）

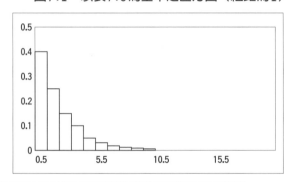

　　圖7.1確實和100頁的「■自由度為2」時的圖形非常類似。看來「皮爾森卡方統計量 χ_0^2」確實遵守自由度為2的卡方分配。
　　雖然實驗將就此結束了，但有一點必須注意。即，自由度的「2」是由

$$(2-1)\times(3-1)=1\times2=2$$

「女性」「男性」　　「打電話」「傳簡訊」「當面」
共兩種的2　　　　　共三種的3

而來的。至於為何用這樣不可思議的計算方式？由於這已經超過本書的討論範圍，因此就先略過。即使不了解這個計算的機制，在實務上並不會造成任何影響，請各位安心。

「居住於日本的全體高中生」的克拉瑪相關係數的值為0⋯⋯

意即「性別」和「希望的告白方法」並無關聯。

那麼，
從「居住於日本的全體高中生」中選出300人進行問卷調查⋯⋯

做了一次又一次⋯⋯
又一次！

求出皮爾森卡方統計量 χ_0^2 後⋯⋯

這個圖形就是
自由度為2時的
卡方分配呀！

琉衣又有所增長了呢！

哇哈哈！

那麼，就以告白的問卷調查為例，

進行獨立性檢定吧！

遵命！

從現在起，我們的課程以

「例題」→「思考」→「解答」

這樣的方式來進行囉……

我找

分成「分析者」和「解說者」來說明，會讓「解答」更易於理解哦！

「解答」

分析者

解説者

妳

看

就由我一人分飾兩角來說明吧！

琉衣應該更可愛啊！

例題

　　凜凜出版社將「詢問高中生300人！你希望對方用什麼樣的方式向你告白？」的報導刊載於女性雜誌「P-girls」中。凜凜出版社從「居住於日本的全體高中生」中，隨機抽出300人，進行了問卷調查。其結果如下表所示。

	希望的告白方法	年齡	性別
回答者1	當面	17	女
回答者2	打電話	15	女
：	：	：	：
回答者300	傳簡訊	18	男

然後，「性別」和「希望的告白方法」之交叉資料表如下。

		希望的告白方法			合計
		打電話	傳簡訊	當面	
性別	女性	34	61	53	148
	男性	38	40	74	152
合計		72	101	127	300

　　母體「居住於日本的全體高中生」中，「性別」和「希望的告白方法」的克拉瑪相關係數的值是否大於0，也就是「性別」和「希望的告白方法」是否有關聯，請利用獨立性檢定來推測。此外，將信心水準（※待後說明）設為0.05。

　　如同152～154頁中的解說，若母體「居住於日本的全
體高中生」中的克拉瑪相關係數為0，則「皮爾森卡方統
計量χ_0^2」是遵守自由度為2的卡方分配。因此，若母體
「居住於日本的全體高中生」中的克拉瑪相關係數的值為
0，則由隨機抽出的300人的資料所求出的χ_0^2若為5.9915
以上的機率，則能從103頁的卡方分配表中清楚得知，其值為0.05。

圖7.2　χ_0^2為5.9915以上的機率

0

5.9915

　　本例題的χ_0^2在132頁就已計算完畢，其值為8.0091。怎麼會這樣呢？
雖然是由隨機抽出300人的資料所求出的值，看起來似乎還是太高了吧！
若以132頁的評論為基礎來思考，母體「居住於日本的全體高中生」的克
拉瑪相關係數的值大於0的想法，是不是就很自然呢？

　　不僅限於這個例題，在說明獨立性檢定時，我會以
①暫且解釋為「母體的克拉瑪相關係數的值為0」
②由樣本的資料求出χ_0^2
③若χ_0^2過大，則結論為「母體的克拉瑪相關係數的值大
　於0」

　　這樣的流程進行說明。請先記下來。

接下來，將爲前段落的③做補充。

χ_0^2越大，則下圖斜線部分的機率理應越小。

圖7.3　對應χ_0^2的機率

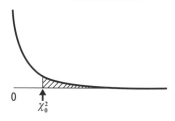

獨立性檢定中，若上圖斜線部分的機率在名爲信心水準的值以下，則可做「母體的克拉瑪相關係數的值大於0」的結論。信心水準一般設爲0.05或0.01，採用何者則完全取決於分析者的判斷。

假設採用0.05的信心水準。實際上，所謂的信心水準就是指下圖斜線部分的機率。

圖7.4　再現圖7.2（＝χ_0^2在5.9915以上的機率）

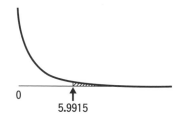

此外，下圖的範圍稱爲拒絕域。

圖7.5　（信心水準0.05時）拒絕域

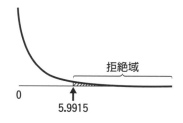

! 解答

Step1

定義母體。

母體為

母體
＝居住於日本的全體高中生

分析者

解說者

　　由於本例題中的母體一開始就定義為「居住於日本的全體高中生」。因此在本例題中，Step1當然是不需要的。

　　舉例來說。149頁的表「母體比例差檢定」中，設定「居住於都市的有選舉權者」和「居住於農村的有選舉權者」為母體。那麼「都市」具體上到底指那裡呢？「東京都和大阪府」嗎？「各都道府縣的地方政府所在地」嗎？這是由分析者所決定。沒錯，實際上執行「檢定」時，母體必須由分析者自行定義。

　　無論是何種「檢定」，若沒有清楚地定義母體，則易陷入「奇怪！我當初到底想推測什麼？」的狀況。陷於這種狀況的分析者並不在少數。請各位務必特別注意這點。

Step2

建立虛無假說和對立假說。

> **虛無假說為**
> 母體的克拉瑪相關係數的值為0
> =「性別」和「希望的告白方法」不相關。

> **對立假說為**
> 母體的克拉瑪相關係數的值大於0
> =「性別」和「希望的告白方法」相關。

> 關於虛無假說和對立假說，隨後將會解說。

Step3

選擇進行的「檢定」種類。

進行獨立性檢定。

　　本例題原先就設定為進行獨立性檢定。因此本例題當然不需要Step3。實際上，進行「檢定」之際，分析者必須選擇符合分析目的的「檢定」。

Step4

決定信心水準。

設定信心水準為0.05。

　　本例題原先就設定信心水準為0.05，因此本例題也不須要Step4。

　　實際進行「檢定」之際，分析者必須自己決定信心水準。如同先前所述，信心水準一般會設為0.05或0.01。

　　信心水準通常以「α」這個記號來表示。

Step5

從樣本資料求出檢定統計量的值。

我想做的是獨立性檢定。因此檢定統計量為皮爾森的卡方統計量 χ_0^2。本例題中的 χ_0^2 值已在132頁計算完畢。$\chi_0^2 = 8.0091$。

所謂的檢定統計量，是指將樣本資料轉換成1個值的公式。

依所進行「檢定」的種類不同，檢定統計量也會有所不同。獨立性檢定的情況，則如同上述，採用 χ_0^2，而無相關檢定（※請參照149頁）的情況，則採用下述的值。

$$\frac{相關係數^2 \times \sqrt{資料的筆數-2}}{\sqrt{1-相關係數^2}}$$

Step6

調查Step5所求出的檢定統計量值，是否在拒絕域中。

> 檢定統計量－皮爾森卡方統計量 χ_0^2 的值為 8.0091。
>
> 由於信心水準為0.05，因此拒絕域根據103頁的卡方分配表得知，其值為「5.9915以上」。
>
> 如下圖所示，檢定統計量的值在拒絕域之中。

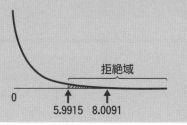

分析者

解說者

> 拒絕域依信心水準 α 不同而變化。如果本例題中 α 不是0.05而為0.01時，則拒絕域根據103頁的卡方分配表所示，其值為「9.2104以上」。

Step7

若Step6的檢定統計量值在拒絕域之中，則結論為「對立假說正確」。
反之，則結論為「無法判定虛無假說為誤」。

檢定統計量的值在拒絕域之中，因此

母體的克拉瑪相關係數的值大於0
=「性別」和「希望的告白方法」有關聯。

這樣的對立假說為正確！

分析者

解說者

檢定統計量即使在拒絕域中，單以「檢定」
並無法下「對立假說『絕對』正確」的結論。只
能作「雖然想說對立假說『絕對』正確……，但
是，只能作虛無假說存在正確的機率。其值最大
為（α x 100）％」的結論。

……大致上就是這樣。

原來如此……

不過，總覺得Step7怪怪的……

?

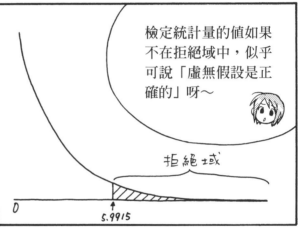

檢定統計量的值如果不在拒絕域中，似乎可說「虛無假設是正確的」呀～

拒絕域

0　　　5.9915

可惜的是，並不能這麼說……只能說「無法判定虛無假設為誤。」而已。

是這樣嗎？

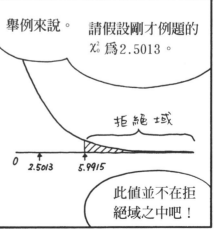

舉例來說。請假設剛才例題的 χ_0^2 為2.5013。

拒絕域

0　2.5013　5.9915

此值並不在拒絕域之中吧！

因此，當然不可以作出「母體的克拉瑪相關係數的值大於0」的結論。

然而，卻也不能斷言「母體的克拉瑪相關係數爲0」。

再來舉個更容易理解的例子吧！

假設琉衣想吃的布丁被某人吃掉了。

誰呀！犯人是誰！？

嫌疑犯由美出現了。

由美，太過份了！

只是舉例啦！

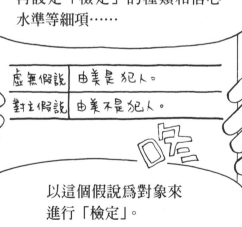

再設定「檢定」的種類和信心水準等細項……

| 虛無假說 | 由美是犯人。 |
| 對立假說 | 由美不是犯人。 |

以這個假說爲對象來進行「檢定」。

假設由美具有 非常有力的不在場證明。

那個時間 我去補習班了。

若為如此，就沒有餘地反駁「由美不是犯人」的結論。

我失走一步 對不起 是呀……

那麼，假設由美只能舉出令人懷疑的不在場證明。

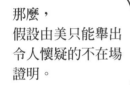

那個時間我在附近散步

大可疑了…

若為如此，則當然無法作出「由美不是犯人」的結論。

然而，也不能因此就斷定「由美就是犯人」。

拜託一 證據呢？

原來如此……

就是這麼一回事。那麼就繼續接下來的課程吧！

對了！

等我一下！

噠～

？

✽ 3. 虛無假說和對立假說 ✽

多虧了你，讓我想
起冰箱還有布丁♪

沒有被偷走真
是太好了。

那麼，
在進行「檢定」時，

必須建立虛無假說
和對立假說。

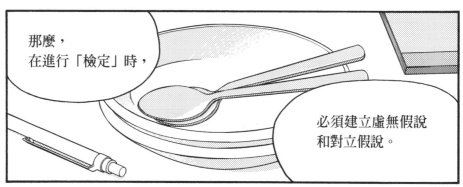

話說回來，虛無假說
和對立假說是什麼？

剛才你說等一下要
說明，但我還沒聽
到？

其實，很難用三言兩語
來說明虛無假說和對立
假說。

咦？

因此……

與其就虛無假說和對立假說是什麼作說明，不如解釋怎樣的假說算是虛無假說和對立假說吧！

哦─

太實用了─

「檢定」的實例	
名稱	可使用的情況之實例
獨立性檢定	推測母體中，「性別」和「希望的告白方法」的克拉瑪相關係數之值是否為0。
相關比檢定	推測母體中，「喜歡的服裝品牌」和「年齡」的相關比之值是否為0。
無相關檢定	推測母體中，「1個月使用的化妝品費用」和「1個月使用的置裝費」的相關係數之值是否為0。
母體平均數差檢定	推測東京都的女高中生和大阪府的女高中生「每月的零用錢」是否不同。 ※注意，這個例子中設定了兩個母體。
母體比例差檢定	推測居住於都市的有選舉權者和居住於農村的有選舉權者中，對「xx內閣的支持率」是否不同。 ※注意，這個例子中設定了兩個母體。

就以這張表格的例子來作說明吧！

這是在149頁出現過的表格。

好了。

■獨立性檢定

虛無假說	母體中「性別」和「希望的告白方法」之克拉瑪相關係數的值爲0。
對立假說	母體中「性別」和「希望的告白方法」之克拉瑪相關係數的值大於0。

■相關比檢定

虛無假說	母體中「喜歡的服裝品牌」和「年齡」之相關比的值爲0。
對立假說	母體中「喜歡的服裝品牌」和「年齡」之相關比的值大於0。

■無相關檢定

虛無假說	母體中「1個月使用的化妝品費」和「1個月使用的裝置費」之相關係數的值爲0。
對立假說	母體中「1個月使用的化妝品費」和「1個月使用的裝置費」之相關係數的值不爲0。 或 母體中「1個月使用的化妝品費」和「1個月使用的裝置費」之相關係數的值大於0。 或 母體中「1個月使用的化妝品費」和「1個月使用的裝置費」之相關係數的值小於0。

■母體平均數差檢定

虛無假說	東京都的女高中生和大阪府的女高中生的「每個月零用錢」相等。
對立假說	東京都的女高中生和大阪府的女高中生的「每個月零用錢」不相等。 或 比起東京都的女高中生，大阪府的女高中生的「每個月零用錢」較多。 或 比起東京都的女高中生，大阪府的女高中生的「每個月零用錢」較少。

■母體比例差檢定

虛無假說	居住於都市的有選舉權者和居住於農村的有選舉權者中，對「XX內閣的支持率」相等。
對立假說	居住於都市的有選舉權者和居住於農村的有選舉權者中，對「XX內閣的支持率」不相等。 或 比起居住於都市的有選舉權者，居住於農村的有選舉權者中，對「XX內閣的支持率」較高。 或 比起居住於都市的有選舉權者，居住於農村的有選舉權者中，對「XX內閣的支持率」較低。

原來如此～

感覺怎麼樣？

虛無假說中，被推論為並非「母體的克拉瑪相關係數的值『趨近』於0」，而是「母體的克拉瑪相關係數的值為0」的難以證明的假說，妳了解了嗎？

嗯！聽起來是極端的理論嘛！

因此，虛無假說就是「是～」「～為相等」的肯定假說；

而對立假說則為「不是～」「～不相等」的否定假說。妳了解了嗎？

沒錯耶！

以看來難以證明的假說做為虛無假說，

而和虛無假說對立的假說則稱為對立假說。

嗯！原來如此……

大概有這樣的了解就夠了。

①檢定統計量
　　是否在拒絕域中

②P值是否
　　小於信心水準

爲「檢定」
下結論時
的根據有……

以上這兩種。

①已經在剛才說
明過了，而②則
尚未說明。

「P值」是什麼
呢？

依「檢定」的
種類不同，思
考方式多少會
不同……

獨立性檢定
的「P值」
即爲，

在虛無假說爲眞的情況
下，則本次求出的值爲大
於或等於 χ_0^2 值的機率。

以先前的例子
來說……

$$0 \quad \chi_0^2 = 8.0091$$

就是這個部分
的機率。

175

原來如此～是指這個斜線部分呀……

在電腦普及前，要算出P值可是相當浩大的工程哦！直到90年代初期。

哇！

因此，以往作爲「檢定」結論的根據，

幾乎都採用①。

那現在呢？

現在由於使用EXCEL就可求出P值，所以採用②的情況也增加了。

原來如此！

②和剛才解說過的①在步驟上有些差異……

因此，讓我再爲妳分析吧！

Step6p

調查與在Step5所求出的檢定統計量值相對應的P值，是否比信心水準小。

信心水準為0.05。

由於檢定統計量的皮爾森卡方統計量 χ_0^2 的值為8.0091，因此P值為0.0182。

0.0182 ＜ 0.05。也就是說，P值比較小。

如同先前所述，即使依「檢定」種類不同，結果也會不同，但是只要使用Excel，仍可以求出P值。

值得慶幸的是，獨立性檢定的P值可經由Excel來求得。詳情請參照208頁。

Step7p

在Step6所得的P值若小於信心水準，則可作出「對立假說為正確」的
結論。反之，則結論為「無法判定虛無假說為誤」。

P值小於信心水準。因此

母體的克拉瑪相關係數的值大於0
=「性別」和「希望的告白方法」有關聯。

這樣的對立假說正確！

即使P值小於信心水準，以「檢定」並無法
作出「對立假說『絕對』正確」的結論。只能作
出「雖然想說對立假說『絕對』正確……，但
是，只能作虛無假說存在正確的機率為（P值×
100）%」的結論。

原來如此，
和①一樣嘛。

大致上了解囉！

哦！妳真是幫
我打了一劑強
心針呢。

呵呵。

聽清楚了喲！琉衣，
請回想①的布丁的例子。

即使P值大於信心水準，
雖看似可以作出「虛無
假說為正確」的結論，
但實際上並不可以。

能做的只
有……

下「無法判定
虛無假說為誤」
的結論。

微笑

嗚嗚…

山本老師，真是太感謝你了。

琉衣努力到最後一刻呢！

瞌頭

我覺得問卷調查的次數分配表非常有趣呢！

起初雖然覺得統計學很難，但現在覺得懂了不少。

嗚嗚～～～～

聽到妳這樣說，我也很開心哦！

真想做更多的分析！

哈哈哈……琉衣也來從事我們的工作，如何呀？

對耶……這好像就是我最初的目的……

那麼我回去囉。

好吧！
去見五十嵐
先生。

啊！
五十嵐先生
現在……

正在
渡蜜月哦！

什麼～～～～！？

結婚！？

我……到底是為了什麼那麼拼命地學統計學呀？

震

驚

竟然有老婆了…

啊？妳不是真的有興趣嗎？

吵死啦～～～～！

哇一

哇一危險

告一倒

對不…

妳還好吧？

哇～～～～～

齊一性檢定（test of homogeneity）與獨立性檢定是非常類似的「檢定」。

齊一性檢定的例子如下所示。請一邊閱讀，一邊思考和獨立性檢定的差異。

「詢問高中生 300 人！你希望對方用什麼樣的方式向你告白？」

・打電話

・傳簡訊

・當面

的報導，凜凜出版社刊載在女性雜誌「P-girls」之中。然而凜凜出版社從以前就設立下列的假說。

假說

打電話：傳簡訊：當面

的人數比，女高中生和男高中生不同。

因此爲了確定上述的假說是否正確。凜凜出版社從「居住於日本的全體女高中生」和「居住於日本的全體男高中生」中，各隨機抽出一些人進行實際的問卷調查。其結果如下表。

	希望的告白方法	年齡	性別
回答者1	當面	17	女
:	:	:	:
回答者148	傳簡訊	16	男
回答者149	打電話	15	女
:	:	:	:
回答者300	傳簡訊	18	男

然後「性別」 和「希望的告白方法」的交叉資料表如下。

		希望的告白方法			合計
		打電話	傳簡訊	當面	
性	女性	34	61	53	148
別	男性	38	40	74	152
合計		72	101	127	300

請用齊一性檢定來推測上述的假說是否正確。而其信心水準設爲 0.05。

Step1	定義母體。	假設「居住於日本的全體女高中生」和「居住於日本的全體男高中生」爲母體。
Step2	建立虛無假說和對立假說。	虛無假說爲， 「『打電話：傳簡訊：當面』的比例，兩者相等」。 對立假說爲 「『打電話：傳簡訊：當面』的比例，兩者不相等」。
Step3	選擇要進行的「檢定」種類。	進行齊一性檢定。
Step4	決定信心水準。	假設信心水準爲 0.05。
Step5	從樣本資料求出檢定統計量的值。	本例題中欲進行的是齊一性檢定。因此檢定統計量爲皮爾森卡方統計量 χ_0^2。本例題中的 χ_0^2 值已在 132 頁計算完畢。$\chi_0^2 = 8.0091$。且本例題中，若虛無假說爲眞，則皮爾森卡方統計量 χ_0^2 爲遵守自由度 $(2-1) \times (3-1) = 1 \times 2 = 2$ 的卡方分配。
Step6	調查在 Step5 所求出的檢定統計量值，是否在拒絕域之中。	檢定統計量 χ_0^2 的值爲 8.0091。由於信心水準 α 爲 0.05，因此根據 103 頁的卡方分配表，拒絕域爲「5.9915」以上。檢定統計量的值在拒絕域之中。
Step7	若在 Step6 的檢定統計量值在拒絕域之中，則結論爲「對立假說正確」。反之，則結論爲「無法判定虛無假說爲誤」。	檢定統計量的值在拒絕域之中。因此對立假說爲『『打電話：傳簡訊：當面』的比例，兩者不相等』爲正確。

如何？例題和解答都和獨立性檢定的例子幾乎相同。

那麼來確認獨立性檢定和齊一性檢定的相異之處。

相異處有3點。首先，定義的母體不同。前者是「居住於日本的全體高中生」的一群母體，後者則是「居住於日本的全體女高中生」和「居住於日本的全體男高中生」的兩群母體。此外，假說也不相同。前者是

虛無假說	母體的克拉瑪相關係數的值為0 ＝「性別」和「希望的告白方法」不相關。
對立假說	母體的克拉瑪相關係數的值大於0 ＝「性別」和「希望的告白方法」相關。

而後者是

虛無假說	(打電話：傳簡訊：當面)的比例，兩者相等。
對立假說	(打電話：傳簡訊：當面)的比例，兩者不相等。

另外，順序也不太一樣。前者是收集資料後才建立假說，而後者是在收集資料前先建立假說。

如同前段所說明的，獨立性檢定和齊一性檢定有明確的相異點。然而，實際上，常有的情況是，本來想做獨立性檢定，卻誤做了齊一性檢定，或是想要兩種都做做看，之所以會想進行獨立性檢定，通常是因為已經進行了齊一性檢定，或是會想進行齊一性檢定，通常是因為已經進行了獨立性檢定。因此，請特別注意。

到目前為止「檢定」中的結論都是以

> 　　　若檢定統計量的值在拒絕域之中，則作出「對立假說為正確」
> 的結論。反之，則作出「無法判定虛無假說為誤」的結論。

來表現。但實際上，這樣的表現方式並非一般性的。

「檢定」的結論的表現有很多種，茲總整理於下表。

表7.4　「檢定」的結論表現

檢定統計量的值 在拒絕域之中	檢定統計量的值 不在拒絕域之中
・對立假說為正確。 ・有信心。 ・放棄虛無假說。	・無法判定虛無假說為誤。 ・無信心。 ・無法放棄虛無假說。 ・保留虛無假說。 ・無法判定虛無假說為不真。 ・採納虛無假說。

「有信心」「無信心」的表現不是比較易於使用嗎？那麼，為什麼我要故意使用非一般性的表現？真正的理由如下所述。

我想恐怕只是想確認檢定統計量的值和 P 值的大小吧！我已經注意到，學習「檢定」的人之中，有些人在完全不了解用途的狀況下，就輕意地將「有信心」時常掛在嘴邊。這些人完全不了解「有信心」的意義，事實上他們是在未確立虛無假說和對立假說之下，就直接進行「檢定」。我認為這些人根本不明白母體的定義。以前我也曾想過：對於才剛開始學統計學的人再怎麼吹毛求疵也沒用。然而，若對虛無假說和對立假說的意義不明瞭，又怎麼下結論？果然吹毛求疵並不是這麼無理的要求。因此，本書中，為了讓虛無假說和對立假說可以永存於讀者腦海中，特別使用了「對立假說為正確」和「無法判定虛無假說為誤」的表現方式處理。

例題和解答

例題

下表為沿用前一章 138 頁的交叉資料表。

		咖啡和紅茶哪一種比較好？		合計
		咖啡	紅茶	
常點餐的料理種類	日式料理	43	33	76
	西式料理	51	53	104
	中式料理	29	41	70
合計		123	127	250

請用獨立性檢定推測母體為「居住於日本 20 歲以上的人」之中，「常點餐的料理種類」和「咖啡和紅茶哪一種比較好？」的克拉瑪相關係數的值是否大於 0，意即「常點餐的料理種類」和「咖啡和紅茶哪一種比較好？」是否有關聯。另外，信心水準設為 0.01。

解答

Step1	定義母體。	設「居住於日本 20 歲以上的人」為母體。
Step2	建立虛無假說和對立假說。	虛無假說為「常食用的料理種類」和「咖啡和紅茶哪一種比較好？」有相關。對立假說為「常食用的料理種類」和「咖啡和紅茶哪一種比較好？」不相關。
Step3	選擇要進行的「檢定」種類。	進行獨立性檢定。
Step4	決定信心水準。	設信心水準為 0.01。
Step5	從樣本資料求出檢定統計量的值。	本題例欲進行的是獨立性檢定。因此檢定統計量為皮爾森卡方統計量 χ_0^2。本例題中的 χ_0^2 值已在 141 頁計算完畢。$\chi_0^2 = 3.3483$。
Step6	調查 Step5 所求出的檢定統計量的值，是否在拒絕域之中。	檢定統計量 χ_0^2 的值為 3.3483。由於信心水準 α 為 0.01，因此根據 103 頁的卡方分配表，拒絕域為「9.2104」以上。檢定統計量的值在拒絕域之中。
Step7	若 Step6 的檢定統計量值在拒絕域之中，則結論為「對立假說正確」。反之，則結論為「無法判定虛無假說為誤」。	檢定統計量的值不在拒絕域之中。因此無法判定虛無假說——「常點餐的料理種類」和「咖啡和紅茶哪一種比較好？」兩者有相關為誤。

總整理

- 所謂「檢定」指的是，由樣本資料來推測分析者針對母體所建立的假說是否正確的分析方法。

- 「檢定」的正確名稱為統計的假說檢定。

- 檢定統計量是將樣本資料轉換為1個數值的公式。

- 信心水準一般都設為0.05或0.01。

- 拒絕域為對應信心水準的範圍。

- 獨立性檢定為推測「母體的克拉瑪相關係數的值是否為0」的分析方法。也可說是推測「交叉資料表中的2變數是否有關聯」的分析方法。

- 若母體的克拉瑪相關係數的值為0，則「皮爾森卡方統計量 χ_0^2」為遵守卡方分配。

- 虛無假說若為真，獨立性檢定中的P值，為求出大於或等於本次所求的皮爾森卡方統計量 χ_0^2 之機率。

- 在「檢定」中，下結論的根據有2種：
  ①檢定統計量的值是否在拒絕域中。
  ②P值是否小於信心水準。

- 無論是否為獨立性檢定，其「檢定」分析順序均相同。具體來說，如下所述。

Step1	定義母體。
Step2	建立虛無假說和對立假說。
Step3	選擇要進行的「檢定」種類。
Step4	決定信心水準。
Step5	從樣本資料求出檢定統計量的值。
Step6	調查在Step5所求出的檢定統計量值，是否在拒絕域之中。
Step7	若在Step6中檢定統計量的值在拒絕域之中，則結論為「對立假說成立」。若非如此，則結論為「無法判定虛無假說為誤」。
Step6p	調查與在Step5所求出的檢定統計量值相對應的P值，是否比信心水準小。
Step7p	若Step6p所得的P值若小於信心水準，則可作出「對立假說正確」。反之，則結論為「無法判定虛無假說為誤」。

◆附錄◆

運用 EXCEL 計算

在此，利用 Excel 函數作解說

1. 做成次數分配表（的一部分）
2. 算出平均數、中位數、標準差
3. 做成「次數分配表」（的一部分）
4. 算出標準分數、離均差分數
5. 算出標準常態分配的機率
6. 算出卡方分配的橫軸刻度
7. 算出相關係數的值
8. 獨立性檢定

已經習慣 Excel 函數的讀者，建議你先從「2　算出平均數、中位數、標準差」來挑戰。

1 做成次數分配表（的一部分）

使用的資料　33 頁

選取「J3」儲存格

圖 1-1

	A	B	C	D	E	F	G	H	I	J
1		價格(日元)			價格(日元)					
2	拉麵店1	700		拉麵店26	780		以上	未滿	(以下)	次數
3	拉麵店2	850		拉麵店27	590		500	600	599	
4	拉麵店3	600		拉麵店28	650		600	700	699	
5	拉麵店4	650		拉麵店29	580		700	800	799	
6	拉麵店5	980		拉麵店30	750		800	900	899	
7	拉麵店6	750		拉麵店31	800		900	1000	999	
8	拉麵店7	500		拉麵店32	550					
9	拉麵店8	890		拉麵店33	750					
10	拉麵店9	880		拉麵店34	700					
11	拉麵店10	700		拉麵店35	600					
12	拉麵店11	890		拉麵店36	800					
13	拉麵店12	720		拉麵店37	800					
14	拉麵店13	680		拉麵店38	880					
15	拉麵店14	650		拉麵店39	790					
16	拉麵店15	790		拉麵店40	790					
17	拉麵店16	670		拉麵店41	780					
18	拉麵店17	680		拉麵店42	600					
19	拉麵店18	900		拉麵店43	670					
20	拉麵店19	880		拉麵店44	680					
21	拉麵店20	720		拉麵店45	650					
22	拉麵店21	850		拉麵店46	890					
23	拉麵店22	700		拉麵店47	930					
24	拉麵店23	780		拉麵店48	650					
25	拉麵店24	850		拉麵店49	777					
26	拉麵店25	750		拉麵店50	700					
27										

從工具列的「插入」中點選「函數」。

圖1-2

在「選取類別」選擇「統計」，再從「選擇函數」選擇「FREQUENCY」者。

圖1-3

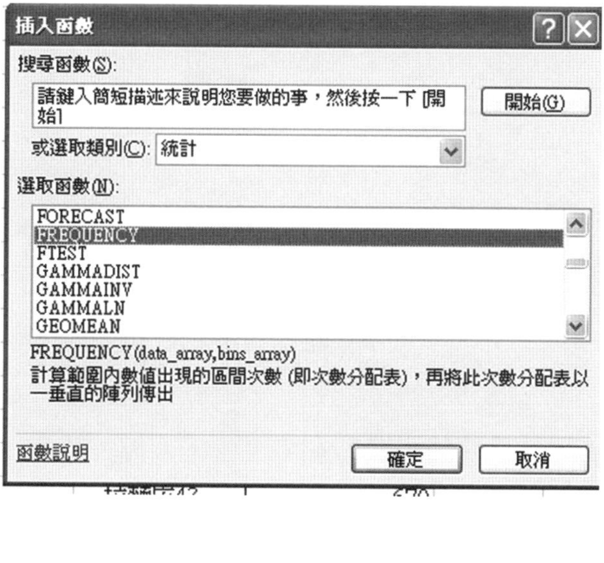

193

選取下圖所示的範圍，點選「確定」鈕。

圖1-4

	A	B	C	D	E	F	G	H	I	J
1		價格(日元)			價格(日元)					
2	拉麵店1	700		拉麵店26	780		以上	未滿	(以下)	次數
3	拉麵店2	850		拉麵店27	590		500	600	599	
4	拉麵店3	600		拉麵店28	650		600	700	699	
5	拉麵店4	6						800	799	
6	拉麵店5	9						900	899	
7	拉麵店6	7					1000		999	
8	拉麵店7	5								
9	拉麵店8	8								
10	拉麵店9	8								
11	拉麵店10	7								
12	拉麵店11	8								
13	拉麵店12	7								
14	拉麵店13	6								
15	拉麵店14	6								
16	拉麵店15	7								
17	拉麵店16	670		拉麵店41	780					
18	拉麵店17	680		拉麵店42	600					
19	拉麵店18	900		拉麵店43	670					
20	拉麵店19	880		拉麵店44	680					
21	拉麵店20	720		拉麵店45	650					
22	拉麵店21	850		拉麵店46	890					
23	拉麵店22	700		拉麵店47	930					
24	拉麵店23	780		拉麵店48	650					
25	拉麵店24	850		拉麵店49	777					
26	拉麵店25	750		拉麵店50	700					

對話框中：
FREQUENCY
Data_array　B2:E26　= (700,0,...拉麵店26"
Bins_array　I3:I7　= (599;699;799;899;9
計算範圍內數值出現的區間次數 (即次數分配表)，再將此次數分配表以一垂直的陣列傳出
Bins_array 為一個區間的陣列或是儲存格參照，用以將 data_array 區隔為若干群組的值間。
計算結果 = 4
函數說明(H)　　確定　取消

以儲存格「J3」為起點，如同下圖，選取儲存格「J3」到「J7」的範圍。

圖1-5

G	H	I	J
以上	未滿	(以下)	次數
500	600	599	4
600	700	699	
700	800	799	
800	900	899	
900	1000	999	

點選數學式中的這個部分。

圖1-6

=FREQUENCY(B2:E26,I3:I7)

同時按下「Shift」鍵和「Ctrl」鍵後，按「Enter」。

Step 8

計算完成！

圖 1-7

G	H	I	J
以上	未滿	(以下)	次數
500	600	599	4
600	700	699	13
700	800	799	18
800	900	899	12
900	1000	999	3

2 算出平均數、中位數、標準差

使用的資料　41頁

 Step 1

選取儲存格「B10」。

圖 2-1

	A	B
1		A隊
2	琉衣	86
3	小潤	73
4	由美	124
5	小靜	111
6	桃子	90
7	小楓	38
8		
9		
10	平均數	
11	中位數	
12	標準差	
13		

 Step 2

從工具列的「插入」中點選「函數」。

圖 2-1a

在「選取類別」選擇「統計」，再從「選取函數」選擇「AVERAGE」者。

圖 2-2

選取下圖的範圍，點選「確定」鈕。

圖 2-3

計算完成！！

圖 2-4

	A	B
1		A隊
2	琉衣	86
3	小潤	73
4	由美	124
5	小靜	111
6	桃子	90
7	小佩	38
8		
9		
10	平均數	87
11	中位數	
12	標準差	
13		

Step6

和【Step1】到【Step5】為相同步驟，求中位數和標準差。求中位數時，利用「MEDIAN」函數，求標準差時，則利用「STDEVP」函數。

3 做成次數分配表（的一部分）

使用的資料　61頁

Step1

選取儲存格「F20」

圖 3-1

	A	B	C	D	E	F	G	H
1		新制服			新制服			新制服
2	1	喜歡		16	普通		31	普通
3	2	普通		17	喜歡		32	普通
4	3	喜歡		18	喜歡		33	喜歡
5	4	普通		19	喜歡		34	討厭
6	5	討厭		20	喜歡		35	喜歡
7	6	喜歡		21	喜歡		36	喜歡
8	7	喜歡		22	喜歡		37	喜歡
9	8	喜歡		23	討厭		38	喜歡
10	9	喜歡		24	普通		39	普通
11	10	喜歡		25	喜歡		40	喜歡
12	11	喜歡		26	喜歡			
13	12	喜歡		27	討厭			
14	13	普通		28	喜歡			
15	14	喜歡		29	喜歡			
16	15	喜歡		30	喜歡			
17								
18								
19						次數		
20					喜歡			
21					普通			
22					討厭			
23								

Step2

從工具列的「插入」中點選「函數」。

Step3

在「選取類別」選擇「統計」，再從「選取函數」選擇「COUNTIF」者。

選取下圖的範圍，於「Criteria」直接輸入「喜歡」，點選「確定」鈕。

圖 3-2

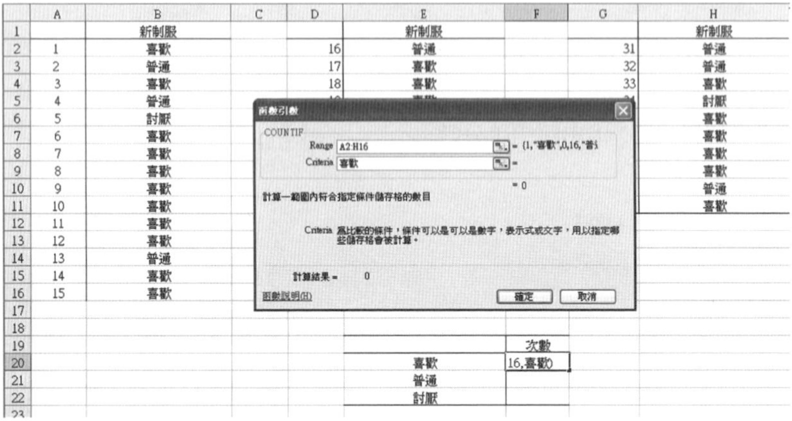

	A	B	C	D	E	F	G	H
1		新制服			新制服			新制服
2	1	喜歡		16	普通		31	普通
3	2	普通		17	喜歡		32	普通
4	3	喜歡		18	喜歡		33	喜歡
5	4	普通						喜歡
6	5	討厭						喜歡
7	6	喜歡						喜歡
8	7	喜歡						喜歡
9	8	喜歡						普通
10	9	喜歡						喜歡
11	10	喜歡						
12	11	喜歡						
13	12	喜歡						
14	13	普通						
15	14	喜歡						
16	15	喜歡						
17								
18								
19						次數		
20					喜歡	16,喜歡0		
21					普通			
22					討厭			

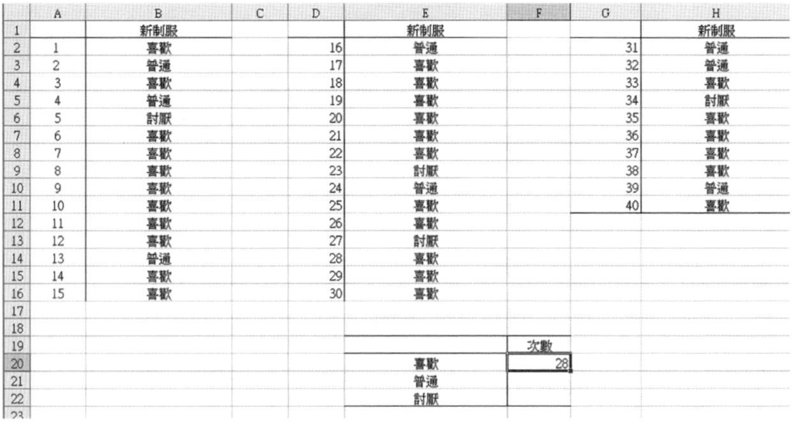

（函數引數對話框：COUNTIF，Range A2:H16，Criteria 喜歡，計算結果＝0）

計算完成 !!

圖 3-3

	A	B	C	D	E	F	G	H
1		新制服			新制服			新制服
2	1	喜歡		16	普通		31	普通
3	2	普通		17	喜歡		32	普通
4	3	喜歡		18	喜歡		33	喜歡
5	4	普通		19	喜歡		34	討厭
6	5	討厭		20	喜歡		35	喜歡
7	6	喜歡		21	喜歡		36	喜歡
8	7	喜歡		22	喜歡		37	喜歡
9	8	喜歡		23	討厭		38	喜歡
10	9	喜歡		24	普通		39	普通
11	10	喜歡		25	喜歡		40	喜歡
12	11	喜歡		26	喜歡			
13	12	喜歡		27	討厭			
14	13	普通		28	喜歡			
15	14	喜歡		29	喜歡			
16	15	喜歡		30	喜歡			
17								
18								
19						次數		
20					喜歡	28		
21					普通			
22					討厭			

和【Step1】到【Step5】為相同步驟，求「普通」和「討厭」的次數。

4 算出標準分數、離均差分數

使用的資料　72頁

從【Step1】到【Step9】是標準分數的相關程序。而從【Step10】到【Step12】為離均差分數的相關程序。

雖然 Excel 中存在可求出標準分數的函數，然而並不存在可求出離均差分數的函數。但是，如果利用標準分數的結果，將能更快求出離均差分數。因此，本書使用 Excel 求出離均差分數。

選取儲存格「E2」。

圖 4-1

	A	B	C	D	E	F	G
1		日本史			標準分數	離均差分數	
2	琉衣	73		琉衣			
3	由美	61		由美			
4	A	14		A			
5	B	41		B			
6	C	49		C			
7	D	87		D			
8	E	69		E			
9	F	65		F			
10	G	36		G			
11	H	7		H			
12	I	53		I			
13	J	100		J			
14	K	57		K			
15	L	45		L			
16	M	56		M			
17	N	34		N			
18	O	37		O			
19	P	70		P			
20	平均數	53					
21	標準差	22.7					

從工具列的「插入」中點選「函數」。

在「選取類別」選擇「統計」，再從「選取函數」選擇「STANDARDIZE」者。

Step 4

選取儲存格「B2」。

圖 4-2

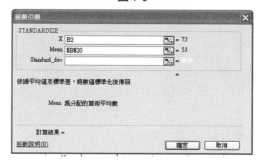

	A	B	C	D	E	F	G	H
1		日本史			標準分數	離均差分數		
2	琉衣	73		琉衣	ARDIZE(B2)			
3	由美	61		由美				
4	A	14						
5	B	41						
6	C	49						
7	D	87						
8	E	69						
9	F	65						
10	G	36						
11	H	7						
12	I	53						
13	J	100						
14	K	57						
15	L	45						
16	M	56						
17	N	34			N			
18	O	37			O			
19	P	70			P			
20	平均數	53						
21	標準差	22.7						

函數引數
STANDARDIZE
X [B2] = 73
Mean = 數字
Standard_dev = 數字

依據平均值及標準差，將數值標準化後傳回

X 為所要標準化的值

計算結果 =
函數說明(H)   確定   取消

Step 5

於「Mean」中選擇儲存格「B20」後，按一次「F4」鍵，並確認「B20」是否變成「B20」。

圖 4-3

函數引數
STANDARDIZE
X [B2] = 73
Mean [B20] = 53
Standard_dev = 數字

依據平均值及標準差，將數值標準化後傳回

Mean 為分配的算術平均數

計算結果 =
函數說明(H)   確定   取消

於「Standard_dev」中選取「B21」後，按一次「F4」鍵，並確認「B21」是否變成「B21」後，點選「確定」鈕。

圖 4-4

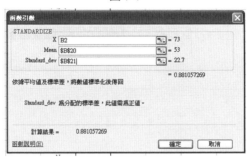

確認是否已求出琉衣的標準分數。

圖 4-5

	A	B	C	D	E	F
1		日本史			標準分數	離均差分數
2	琉衣	73		琉衣	0.88	
3	由美	61		由美		
4	A	14		A		
5	B	41		B		
6	C	49		C		
7	D	87		D		
8	E	69		E		
9	F	65		F		
10	G	36		G		
11	H	7		H		
12	I	53		I		
13	J	100		J		
14	K	57		K		
15	L	45		L		
16	M	56		M		
17	N	34		N		
18	O	37		O		
19	P	70		P		
20	平均數	53				
21	標準差	22.7				
22						

將滑鼠游標移近儲存格「E2」的右下角，待游標變為「黑色十字游標」
後，按下滑鼠左鍵，拖拉至「E19」後放開左鍵。

圖 4-6

D	E	F
	標準分數	離均差分數
琉衣	0.88	
由美		
A		
B		
C		
D		
E		
F		
G		
H		
I		
J		
K		
L		
M		
N		
O		
P		

標準分數計算完成！！

圖 4-7

D	E	F
	標準分數	離均差分數
琉衣	0.88	
由美	0.35	
A	-1.71	
B	-0.53	
C	-0.18	
D	1.49	
E	0.70	
F	0.53	
G	-0.75	
H	-2.02	
I	0.00	
J	2.07	
K	0.18	
L	-0.35	
M	0.13	
N	-0.84	
O	-0.70	
P	0.75	

選取「F2」，在儲存格內輸入「＝E2*10＋50」，然後按下「Enter」鍵。

圖 4-8

D	E	F
	標準分數	離均差分數
琉衣	0.88	=E2*10+50
由美	0.35	
A	-1.71	
B	-0.53	
C	-0.18	
D	1.49	
E	0.70	
F	0.53	
G	-0.75	
H	-2.02	
I	0.00	
J	2.07	
K	0.18	
L	-0.35	
M	0.13	
N	-0.84	
O	-0.70	
P	0.75	

重覆【Step8】的操作。

離均差分數計算完成！！

圖 4-9

D	E	F
	標準分數	離均差分數
琉衣	0.88	58.79410016
由美	0.35	53.51764006
A	-1.71	32.85150469
B	-0.53	44.7235399
C	-0.18	48.24117997
D	1.49	64.94997027
E	0.70	57.03528013
F	0.53	55.2764601
G	-0.75	42.52501486
H	-2.02	29.77356963
I	0.00	50
J	2.07	70.66613538
K	0.18	51.75882003
L	-0.35	46.48235994
M	0.13	51.31911502
N	-0.84	41.64560485
O	-0.70	42.96471987
P	0.75	57.47498514

5 算出標準常態分配的機率

使用的資料　93 頁

選取儲存格「B2」。

圖 5-1

從工具列的「插入」中點選「函數」。

在「選取類別」中選擇「統計」，再從「選取函數」中選擇「NORMSDIST」者。

選取儲存格「B1」，按下「確定」鍵。

圖 5-2

其實「NORMSDIST」為求出下圖機率的函數。

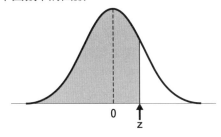

0

↑
z

在此,於儲存格「B3」內輸入「＝B2－0.5」。

圖 5-3

	A	B
1	z	1.96
2	中途經過	0.975002
3	面積（＝比例＝機率）	=B2-0.5

計算完成！！

圖 5-4

	A	B
1	z	1.96
2	中途經過	0.975002
3	面積（＝比例＝機率）	0.475002

6 算出卡方分配的橫軸刻度

使用的資料　104 頁

選取儲存格「B3」。

圖 6-1

	A	B
1	P	0.05
2	自由度	1
3	卡方分配	

從工具列的「插入」中點選「函數」。

在「選取類別」中選擇「統計」,再從「選取函數」中選擇「CHIINV」者。

選取儲存格「B1」和儲存格「B2」,按下「確定」鍵。

圖 6-2

計算完成!!

圖 6-3

	A	B
1	P	0.05
2	自由度	1
3	卡方分配	3.841459
4		
5		
6		

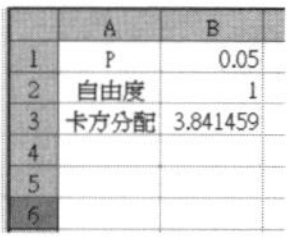

7 算出相關係數的值

使用的資料　116 頁

Step 1

選取儲存格「B14」。

圖 7-1

	A	B	C
1		化妝品費（日幣）	置裝費（日幣）
2	A小姐	3000	7000
3	B小姐	5000	8000
4	C小姐	12000	25000
5	D小姐	2000	5000
6	E小姐	7000	12000
7	F小姐	15000	30000
8	G小姐	5000	10000
9	H小姐	6000	15000
10	I小姐	8000	20000
11	J小姐	10000	18000
12			
13			
14	相關係數		
15			

Step 2

從工具列的「插入」中點選「函數」。

Step 3

在「選取類別」中選擇「統計」，再從「選取函數」中選擇「CORREL」者。

Step 4

選取下圖的範圍後，按下「確定」鍵。

圖 7-2

	A	B	C
1		化妝品費（日幣）	置裝費（日幣）
2	A小姐	3000	7000
3	B小姐	5000	8000
4	C小姐	12000	
5	D小姐	2000	
6	E小姐	7000	
7	F小姐	15000	
8	G小姐	5000	
9	H小姐	6000	
10	I小姐	8000	
11	J小姐	10000	
12			
13			
14	相關係數	(B2:B11,C2:C11)	
15			
16			
17			

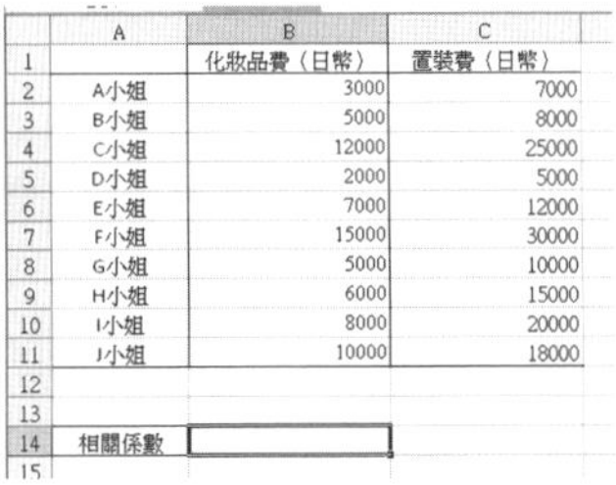

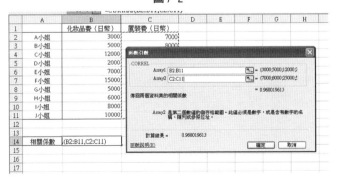

計算完成！！

圖 7-3

	A	B	C
1		化妝品費（日幣）	置裝費（日幣）
2	A小姐	3000	7000
3	B小姐	5000	8000
4	C小姐	12000	25000
5	D小姐	2000	5000
6	E小姐	7000	12000
7	F小姐	15000	30000
8	G小姐	5000	10000
9	H小姐	6000	15000
10	I小姐	8000	20000
11	J小姐	10000	18000
12			
13			
14	相關係數	0.968019613	

參考

非常可惜，並不存在可求出相關比和克拉瑪相關係數的 Excel 函數。

8 獨立性檢定

使用的資料　157 頁

選取儲存格「B8」。

圖 8-1

	A	B	C	D	E
1		打電話	傳簡訊	當面	合計
2	女性	34	61	53	148
3	男性	38	40	74	152
4	合計	72	101	127	300
5					
6					
7		打電話	傳簡訊	當面	
8	女性				
9	男性				
10					
11					
12	P值				

於儲存格「B8」內，輸入「=E2*B4/E4」。然後按下「Enter」鍵。

圖 8-2

	A	B	C	D	E
1		打電話	傳簡訊	當面	合計
2	女性	34	61	53	148
3	男性	38	40	74	152
4	合計	72	101	127	300
5					
6					
7		打電話	傳簡訊	當面	
8	女性	=E2*B4/E4			
9	男性				
10					

選取儲存格「B8」內的「E2」文字部分，連按 3 次「F4」鍵，並確認「E2」
是否變爲「$E2」後，按下「Enter」鍵。

圖 8-3

	A	B	C	D	E
1		打電話	傳簡訊	當面	合計
2	女性	34	61	53	148
3	男性	38	40	74	152
4	合計	72	101	127	300
5					
6					
7		打電話	傳簡訊	當面	
8	女性	=$E2*B4/E4			
9	男性				
10					

選取儲存格「B8」內的「B4」文字部分，連按 2 次「F4」鍵，並確認「B4」
是否變爲「B$4」。選取儲存格「B8」內的「E4」文字部分，按 1 次「F4」鍵，確
認「E4」是否變爲「$E4」後，按下「Enter」鍵。

圖 8-4

	A	B	C	D	E
1		打電話	傳簡訊	當面	合計
2	女性	34	61	53	148
3	男性	38	40	74	152
4	合計	72	101	127	300
5					
6					
7		打電話	傳簡訊	當面	
8	女性	=$E2*B$4/E4			
9	男性				
10					

選取儲存格「B8」，將游標移近儲存格「B8」的右下角，待游標變為「黑色十字游標」後，按下滑鼠左鍵，拖拉至「D8」後放開左鍵。

圖 8-5

	A	B	C	D	E
1		打電話	傳簡訊	當面	合計
2	女性	34	61	53	148
3	男性	38	40	74	152
4	合計	72	101	127	300
5					
6					
7		打電話	傳簡訊	當面	
8	女性	35.52			
9	男性				
10					

從儲存格「B8」選取至儲存格「D8」，將游標移近儲存格「D8」的右下角，待游標變為「黑色十字游標」後，按下滑鼠左鍵，拖拉至儲存格「D9」後放開左鍵。

圖 8-6

	A	B	C	D	E
1		打電話	傳簡訊	當面	合計
2	女性	34	61	53	148
3	男性	38	40	74	152
4	合計	72	101	127	300
5					
6					
7		打電話	傳簡訊	當面	
8	女性	35.52	49.82666667	62.65333333	
9	男性				
10					

選取儲存格「B12」。從工具列的「插入」中點選「函數」。在「選取類別」中選擇「統計」，再從「選取函數」中選擇「CHITEST」者。

圖 8-7

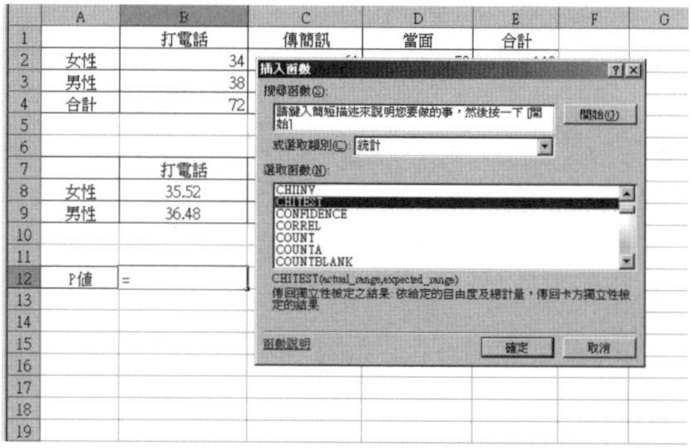

	A	B	C	D	E	F	G
1		打電話	傳簡訊	當面	合計		
2	女性	34					
3	男性	38					
4	合計	72					
5							
6							
7		打電話					
8	女性	35.52					
9	男性	36.48					
10							
11							
12	P值	=					
13							

插入函數

搜尋函數(S):
請鍵入簡短描述來說明您要做的事，然後按一下「開始」

或選取類別(C): 統計

選取函數(N):
CHIINV
CHITEST
CONFIDENCE
CORREL
COUNT
COUNTA
COUNTBLANK

CHITEST(actual_range,expected_range)
傳回獨立性檢定之結果。依據給定的自由度及總計量，傳回卡方為獨立性檢定結果。

函數說明   確定   取消

選取下圖的範圍，按下「確定」鈕。

圖 8-8

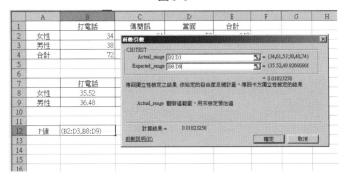

計算完成！（※請確認此值是否與 177 頁的 P 值一致。）

圖 8-9

	A	B	C	D	E
1		打電話	傳簡訊	當面	合計
2	女性	34	61	53	148
3	男性	38	40	74	152
4	合計	72	101	127	300
5					
6					
7		打電話	傳簡訊	當面	
8	女性	35.52	49.82666667	62.65333333	
9	男性	36.48	51.17333333	64.34666667	
10					
11					
12	P值	0.01823258			
13					

索　引

Note

國家圖書館出版品預行編目（CIP）資料

世界第一簡單統計學【修訂版】/高橋信作；
　TREND·PRO 漫畫；林羿妏譯. -- 修訂初版.
-- 新北市：世茂，2015.11
　　面；　公分. --（科學視界；186）
　ISBN 978-986-5779-97-9（平裝）

1.統計學　2.漫畫

510　　　　　　　　　　　　104018356

科學視界 186

世界第一簡單統計學【修訂版】

作　　　者／高橋信
譯　　　者／林羿妏
主　　　編／簡玉芬
責任編輯／陳文君
漫畫製作／TREND·PRO
出 版 者／世茂出版有限公司
負 責 人／簡泰雄
地　　　址／（231）新北市新店區民生路 19 號 5 樓
電　　　話／（02）2218-3277
傳　　　真／（02）2218-3239（訂書專線）
劃撥帳號／19911841
戶　　　名／世茂出版有限公司　單次郵購總金額未滿 500 元（含），請加 80 元掛號費
世茂網站／www.coolbooks.com.tw
排版製版／辰皓國際出版製作有限公司
印　　　刷／世和彩色印刷股份有限公司
修訂初版／2015 年 11 月
　四刷／2023 年 3 月

ISBN／978-986-5779-97-9
定　　　價／280 元

Original Japanese edition
Manga de Wakaru Toukeigaku
By Shin Takahashi and TREND · PRO
Copyright © 2004 by Shin Takahashi and TREND · PRO
Published by Ohmsha, Ltd.
This Traditional Chinese Language edition co-published by Ohmsha, Ltd. and ShyMau Publishing Company..
Copyright © 2015
All rights reserved.